AF556416

1000
हिंदी
साहित्य
प्रश्नोत्तरी

इस श्रृंखला की पुस्तकें

- ★ 1000 जीव-जंतु प्रश्नोत्तरी
- ★ 1000 हिंदी साहित्य प्रश्नोत्तरी
- ★ 1000 कंप्यूटर-इंटरनेट प्रश्नोत्तरी
- ★ 1000 खेल-कूद प्रश्नोत्तरी
- ★ 1000 गणित प्रश्नोत्तरी
- ★ 1000 विज्ञान प्रश्नोत्तरी
- ★ 1000 खगोल विज्ञान प्रश्नोत्तरी
- ★ 1000 पर्यावरण प्रश्नोत्तरी
- ★ 1000 इतिहास प्रश्नोत्तरी
- ★ 1000 भूगोल प्रश्नोत्तरी
- ★ 1000 राजनीति विज्ञान प्रश्नोत्तरी
- ★ 1000 हिंदू धर्म प्रश्नोत्तरी
- ★ 1000 सामान्य ज्ञान प्रश्नोत्तरी
- ★ 1000 स्वाधीनता संग्राम प्रश्नोत्तरी

1000
हिंदी साहित्य प्रश्नोत्तरी

डॉ. कुमुद शर्मा

सत्साहित्य प्रकाशन, दिल्ली

प्रकाशक : **सत्साहित्य प्रकाशन**

694–ए, (पहली मंजिल) चावड़ी बाजार, दिल्ली–110006

 / संस्करण : 2026 / मूल्य : चार सौ रुपए

मुद्रक : नरुला प्रिंटर्स, दिल्ली ISBN 978-81-7721-269-3

1000 HINDI SAHITYA PRASHNOTTARI

by Prof. Kumud Sharma ₹ 400.00

Published by **SATSAHITYA PRAKASHAN**

694-A, (First Floor) Chawri Bazar, Delhi-110006

भूमिका

महान् वैज्ञानिक डार्विन ने दुनिया के लिए 'सरवाइवल ऑफ द फिटेस्ट' सिद्धांत का प्रतिपादन किया। कहने का तात्पर्य यह था कि दुनिया में उसी का अस्तित्व रहेगा जो दूसरों के मुकाबले अधिक समर्थ और शक्तिशाली होगा। इस सिद्धांत की सत्यता हर युग में प्रमाणित हुई है। आधुनिक जीवन के संघर्ष और प्रतिस्पर्द्धा की दौड़ में यह सिद्धांत अधिक प्रासंगिक है। संसाधन सीमित हैं और उनकी प्राप्ति की इच्छा और आकांक्षा रखनेवालों की संख्या अधिक है; यानी स्थिति 'एक अनार सौ बीमार' की हो गई है। ऐसे में प्रतियोगिता ही दूसरों के मुकाबले स्वयं को अधिक समर्थ सिद्ध करने की पद्धति है।

सच पूछिए तो वर्तमान युग में हर व्यक्ति को जीवन के विभिन्न स्तरों पर अनेक प्रतियोगिताओं से गुजरना पड़ता है। शैक्षणिक संस्थानों में प्रवेश परीक्षा हो या फिर नौकरियों के लिए दी जानेवाली प्रतियोगी परीक्षाएँ—लगभग सभी में उम्मीदवारों के विषयनिष्ठ ज्ञान से अधिक वस्तुपरक ज्ञान को परखने पर बल दिया जाता है। राज्य स्तर पर और केंद्रीय स्तर पर विभिन्न महत्त्वपूर्ण संस्थानों के महत्त्वपूर्ण पदों के लिए ली जानेवाली प्रतियोगी परीक्षाओं में अन्य विषयों के साथ-साथ हिंदी भाषा और साहित्य से संबंधित वस्तुनिष्ठ प्रश्नों पर आधारित प्रश्न भी सम्मिलित होते हैं। यू.जी.सी. की नेट परीक्षा में भी इसी तरह की प्रश्नपत्र प्रणाली अपनाई जा रही है।

विभिन्न राज्यों के विश्वविद्यालयों और विद्यालयों में शिक्षाशास्त्रियों द्वारा यह स्वीकार किया जाने लगा है कि साहित्य में विषयनिष्ठ प्रश्नपत्र प्रणाली से विद्यार्थी के सम्यक् ज्ञान का आकलन नहीं हो पाता, इसलिए सर्वसम्मति से यह निर्णय पारित किया गया कि प्रश्नपत्र का कुछ हिस्सा वस्तुनिष्ठ प्रश्नपत्रों पर आधारित हो। प्रस्तुत पुस्तक इसी परिदृश्य को दृष्टिगत करते हुए तैयार की गई है।

हिंदी साहित्य के विस्तृत परिदृश्य से प्राय: आम जन परिचित नहीं हैं। साहित्यिक

अभिरुचि रखनेवाले ऐसे व्यक्तियों को साहित्यिक ज्ञान से परिचित कराकर उन्हें समृद्ध करने की दृष्टि से भी इस पुस्तक का प्रणयन हुआ है। समय की माँग और समय की कमी के कारण साहित्य के विराट् फलक में प्रवेश कर उसे आत्मसात् करने का अवसर बहुतों के पास नहीं है। यह पुस्तक बहुत सुगमता से ऐसे व्यक्तियों को हिंदी साहित्य के महत्त्वपूर्ण बिंदुओं और वस्तुनिष्ठ तथ्यों से परिचित कराने की दिशा में एक सार्थक प्रयास है। पुस्तक में हिंदी साहित्य के व्यापक परिदृश्य पर फैले केंद्रीय और महत्त्वपूर्ण प्रश्नों को समेटने की कोशिश की गई है। भाषा संबंधी प्रश्नों के साथ-साथ हिंदी साहित्य का इतिहास, काव्यशास्त्र, साहित्यिक संस्थाओं, पुरस्कारों से संबंधित प्रश्न इसमें सम्मिलित हैं। कुछ महत्त्वपूर्ण रचनाकारों की चित्रावली भी इसमें समाविष्ट है। वस्तुत: यह अपने आपमें हिंदी साहित्य का इतिहास है।

विश्वास है कि यह पुस्तक प्रतियोगी परीक्षाओं में बैठनेवाले विद्यार्थियों और साहित्यिक रुझान रखनेवाले व्यक्तियों के लिए महत्त्वपूर्ण सिद्ध होगी और उनकी हिंदी साहित्य संबंधी अनेकानेक जिज्ञासाओं का समाधान कर सकेगी।

—कुमुद शर्मा

अनुक्रम

1

भाषा

1. भारतीय आर्य भाषा परिवार की भाषाओं का मूल स्रोत कौन सी भाषा है ?

   (अ) हिंदी (ब) वैदिक संस्कृत

   (स) मराठी (द) लौकिक संस्कृत

2. तमिल, तेलुगु, कन्नड़ और मलयालम भाषाएँ किस भाषा परिवार से संबद्ध हैं ?

   (अ) भारतीय आर्य भाषा परिवार

   (ब) भारत–यूरोपीय भाषा परिवार

   (स) द्रविड़ परिवार

   (द) आधुनिक भारतीय आर्य भाषा परिवार

3. भाषा का मूल रूप कौन सा है ?

   (अ) लिखित रूप (ब) मौखिक रूप

   (स) मानक रूप (द) साहित्यिक रूप

4. खड़ी बोली हिंदी का साहित्यिक रूप किस शताब्दी में विकसित हुआ ?

   (अ) अठारहवीं शताब्दी (ब) सत्रहवीं शताब्दी

   (स) उन्नीसवीं शताब्दी (द) सोलहवीं शताब्दी

5. हिंदी को भारतीय संविधान में संघ की राजभाषा के रूप में कब

उत्तर के लिए कृपया पृष्ठ सं. 146 देखें।

मान्यता मिली ?

(अ) 14 सितंबर, 1949 (ब) 14 सितंबर, 1948

(स) 14 सितंबर, 1953 (द) 14 सितंबर, 1950

6. आचार्य महावीर प्रसाद द्विवेदी ने किस पत्रिका के माध्यम से खड़ी बोली हिंदी को परिष्कृत और परिमार्जित करने में महत्त्वपूर्ण भूमिका निभाई ?

(अ) चाँद (ब) सुधा

(स) सरस्वती (द) प्रताप

7. उत्तर भारत की खड़ी बोली हिंदी दक्षिण में किस रूप में विकसित हुई ?

(अ) द्रविड़ हिंदी (ब) दक्कनी हिंदी

(स) दक्कनी उर्दू (द) परिनिष्ठित हिंदी

8. मध्य काल में राजकाज की भाषा के रूप में किस भाषा को मान्यता मिली हुई थी ?

(अ) हिंदी (ब) उर्दू

(स) फारसी (द) अरबी

9. संविधान के किस अनुच्छेद के अनुसार संघ की राजभाषा हिंदी और लिपि देवनागरी है ?

(अ) अनुच्छेद 343 (ब) अनुच्छेद 346

(स) अनुच्छेद 344 (द) अनुच्छेद 342

10. ब्रजभाषा और अवधी किस काल की काव्य भाषाएँ थीं ?

(अ) प्राचीन (ब) मध्य काल

(स) आधुनिक काल (द) वैदिक काल

11. हिंदी की बोलियों को कितने वर्गों में रखा जाता है ?

(अ) तीन (ब) चार

(स) पाँच (द) आठ

12. 'बुंदेली' और 'कन्नौजी' बोली हिंदी के किस उपभाषा वर्ग की बोलियाँ हैं ?

उत्तर के लिए कृपया पृष्ठ सं. 146 देखें।

(अ) पूर्वी हिंदी (ब) पश्चिमी हिंदी
(स) राजस्थानी (द) पहाड़ी

13. आधुनिक भारतीय आर्य भाषाओं का विकास किससे हुआ?
(अ) संस्कृत (ब) हिंदी
(स) अपभ्रंश (द) पालि-प्राकृत

14. 'भोजपुरी' मूलतः किस प्रदेश की बोली है?
(अ) राजस्थान (ब) बिहार
(स) मध्य प्रदेश (द) उत्तर प्रदेश

15. मानक हिंदी का विकास किस बोली से हुआ?
(अ) खड़ी बोली हिंदी (ब) ब्रजभाषा
(स) अवधी (द) बाँगरू

16. भाषा के संदर्भ में अशुद्ध तथ्य कौन सा है?
(अ) भाषा अर्जित संपत्ति है (ब) भाषा सामाजिक वस्तु नहीं है
(स) भाषा परिवर्तनशील है
(द) भाषा अनुकरण द्वारा अर्जित की जाती है

17. लिपि के विकास-क्रम में पहली लिपि कौन सी है?
(अ) भावमूलक लिपि (ब) सूत्र लिपि
(स) चित्र लिपि (द) प्रतीकात्मक लिपि

18. 'मैथिल कोकिल' किसे कहा जाता है?
(अ) विद्यापति (ब) बिहारी
(स) कलक्टर सिंह 'केसरी' (द) घनानंद

19. कृष्ण काव्य की अपार संपदा किस भाषा में है?
(अ) अवधी (ब) ब्रजभाषा
(स) खड़ी बोली (द) मैथिली

20. ब्रजभाषा, खड़ी बोली, हरियाणवी, बुंदेली और कन्नौजी बोलियाँ हिंदी की बोलियों के किस वर्ग की हैं?
(अ) पूर्वी हिंदी (ब) पश्चिमी हिंदी
(स) राजस्थानी (द) पहाड़ी

उत्तर के लिए कृपया पृष्ठ सं. 146 देखें।

21. मुगल काल में हिंदी भाषा पर प्रभाव डालनेवाली भाषा कौन सी है?

(अ) फारसी (ब) अंग्रेजी

(स) चीनी (द) जापानी

22. इन लिपियों में से कौन सी लिपि पहले उर्दू लिपि की भाँति दाएँ से बाएँ लिखी जाती थी?

(अ) ब्राह्मी लिपि (ब) खरोष्ठी लिपि

(स) चित्र लिपि (द) सूत्र लिपि

23. देवनागरी लिपि में हिंदी के अतिरिक्त और कौन सी भाषा लिखी जाती है?

(अ) तमिल (ब) बँगला

(स) पंजाबी (द) मराठी

24. 'मेवाती' और 'हाड़ौती' बोलियाँ हिंदी में किस वर्ग की बोलियाँ हैं?

(अ) पहाड़ी (ब) राजस्थानी

(स) बिहारी (द) पश्चिमी हिंदी

25. अधिकतर भारतीय भाषाओं की लिपियों का विकास किस प्राचीन लिपि से हुआ?

(अ) ब्राह्मी लिपि (ब) खरोष्ठी लिपि

(स) कुटिल लिपि (द) शारदा लिपि

26. इनमें से हिंदीतर भाषी राज्य कौन सा है?

(अ) उत्तर प्रदेश (ब) मध्य प्रदेश

(स) बिहार (द) महाराष्ट्र

27. संविधान के अनुच्छेद 343(2) के अनुसार संघ सरकार के कार्यों में अंग्रेजी का प्रयोग जारी रखने की व्यवस्था कब तक के लिए की गई है?

(अ) 26 जनवरी, 1950 (ब) 25 जनवरी, 1964

(स) 14 सितंबर, 1950 (द) 26 जनवरी, 1965

28. हिंदी में किस भाषा के अर्थ में पहले 'साधु भाषा', 'टकसाली भाषा' तथा 'परिनिष्ठित भाषा' का प्रयोग होता था?

उत्तर के लिए कृपया पृष्ठ सं. 146 देखें।

(अ) ब्रजभाषा (ब) खड़ी बोली हिंदी
(स) मानक भाषा (द) जनभाषा

29. निम्नलिखित काव्य पंक्तियाँ किस कवि की हैं ?
'जामैं रस कछु होत है, पढ़त ताहि सब कोय।
बात अनूठी चाहिए भाषा कोऊ होय॥'
(अ) भारतेंदु हरिश्चंद्र (ब) सत्यनारायण कविरत्न
(स) जगन्नाथदास रत्नाकर (द) मैथिलीशरण गुप्त

30. हिंदी खड़ी बोली गद्य के विकास में किस साहित्यकार ने महत्त्वपूर्ण भूमिका निभाई ?
(अ) सदल मिश्र (ब) मिश्रबंधु
(स) ग्रियर्सन (द) अमीर खुसरो

31. पाणिनि ने किस ग्रंथ के द्वारा भाषा को एकरूपता देने का प्रयास किया ?
(अ) अष्टाध्यायी (ब) महाभाष्य
(स) योगवासिष्ठ (द) बृहस्पतिनीतिसार

32. पुरानी हिंदी को किस भाषा का समानार्थक माना गया ?
(अ) प्राकृत (ब) अपभ्रंश
(स) पालि (द) लौकिक संस्कृत

33. पश्चिमी हिंदी का उद्‌भव किस अपभ्रंश से हुआ ?
(अ) शौरसेनी (ब) मागधी
(स) अर्द्ध मागधी (द) पैशाची

34. पूर्वी हिंदी की बोलियाँ अपभ्रंश के किस रूप से विकसित हुईं ?
(अ) मागधी (ब) अर्द्ध मागधी
(स) शौरसेनी (द) पैशाची

35. भाषा विज्ञान के किस खंड में 'पद' से वाक्य बनाने की प्रक्रिया का वर्णनात्मक, तुलनात्मक तथा ऐतिहासिक दृष्टि से अध्ययन होता है ?
(अ) पद विज्ञान (ब) ध्वनि विज्ञान
(स) वाक्य विज्ञान (द) अर्थ विज्ञान

उत्तर के लिए कृपया पृष्ठ सं. 146 देखें।

36. पालि-प्राकृत भाषाएँ किससे विकसित हुईं ?
(अ) लौकिक संस्कृत (ब) पुरानी हिंदी
(स) शौरसेनी (द) वैदिक संस्कृत

37. भाषा के संदर्भ में महात्मा गांधी ने किसका समर्थन किया ?
(अ) हिंदी (ब) हिंदुस्तानी
(स) हिंदुई (द) उर्दू

38. खड़ी बोली का दूसरा नाम क्या है ?
(अ) कन्नौजी (ब) कौरवी
(स) बघेली (द) मगही

39. अवधी बोली का केंद्र स्थान क्या है ?
(अ) बस्ती (ब) बाराबंकी
(स) बहराइच (द) अयोध्या

40. खड़ी बोली का प्रयोग साहित्यिक हिंदी खड़ी बोली के अर्थ के अतिरिक्त किस अर्थ में होता है ?
(अ) 'शुद्ध' के अर्थ में
(ब) दिल्ली-मेरठ के आस-पास की लोक बोली के अर्थ में
(स) लोक-साहित्य की भाषा के अर्थ में
(द) लोकगीतों की भाषा के अर्थ में

41. अपभ्रंश को 'पुरानी हिंदी' कहनेवाले प्रथम लेखक कौन थे ?
(अ) चंद्रधर शर्मा 'गुलेरी' (ब) रामचंद्र शुक्ल
(स) जॉर्ज ग्रियर्सन (द) शिवसिंह सेंगर

42. अपभ्रंश के प्रथम महाकवि कौन थे ?
(अ) हेमचंद्र (ब) स्वयंभू
(स) जोइंदु (द) रामचंद्र

43. राजभाषा अधिनियम कब पारित किया गया था ?
(अ) सन् 1963 (ब) सन् 1961
(स) सन् 1964 (द) सन् 1962

44. राजभाषा अधिनियम में संशोधन कब हुआ ?

उत्तर के लिए कृपया पृष्ठ सं. 146 देखें।

(अ) सन् 1960 (ब) सन् 1967

(स) सन् 1965 (द) सन् 1969

45. सन् 1955 में राष्ट्रपति ने जिस राजभाषा आयोग की नियुक्ति की, उसमें कितने सदस्य थे?

(अ) पाँच (ब) ग्यारह

(स) इक्कीस (द) सात

46. 'हिंदी-हिंदुस्तानी' के भाषा संबंधी विवाद में किसके नेतृत्व में हिंदी की विजय हुई?

(अ) आचार्य महावीर प्रसाद द्विवेदी (ब) महात्मा गांधी

(स) पुरुषोत्तमदास टंडन (द) बाबू शिवप्रसाद

47. पं. किशोरीदास वाजपेयी ने उन्नीसवीं शताब्दी के पूर्वार्द्ध को किस युग के नाम से अभिहित किया?

(अ) भारतेंदु युग (ब) लाल युग

(स) खड़ी बोली हिंदी युग (द) आधुनिक युग

48. किस शताब्दी को हिंदी का 'प्रचार युग' कहा जाता है?

(अ) बीसवीं शताब्दी (ब) अठारहवीं शताब्दी

(स) उन्नीसवीं शताब्दी (द) सत्रहवीं शताब्दी

49. 'मंडियाली' का संबंध किससे है?

(अ) राजस्थानी (ब) पहाड़ी

(स) बिहारी (द) पश्चिमी हिंदी

50. पूर्वी हिंदी के अंतर्गत कौन सी बोली आती है?

(अ) बाँगरू (ब) ब्रजभाषा

(स) मैथिली (द) अवधी

☐

उत्तर के लिए कृपया पृष्ठ सं. 146 व 147 देखें।

2

हिंदी साहित्य का इतिहास

पूर्व पीठिका

51. हिंदी साहित्य के इतिहास का प्रथम लेखक कौन है?
    (अ) जॉर्ज ग्रियर्सन (ब) शिवसिंह सेंगर
    (स) आचार्य रामचंद्र शुक्ल (द) गार्सां द तॉसी
52. काशी नागरी प्रचारिणी सभा द्वारा 'हिंदी साहित्य का बृहत् इतिहास' कितने खंडों में प्रकाशित किया गया?
    (अ) छह (ब) बारह
    (स) बीस (द) अठारह
53. 'हिंदी साहित्य की भूमिका' ग्रंथ का लेखक कौन है?
    (अ) आचार्य रामचंद्र शुक्ल (ब) आचार्य हजारी प्रसाद द्विवेदी
    (स) डॉ. रामकुमार वर्मा (द) लक्ष्मीसागर वार्ष्णेय
54. हिंदी साहित्य के इतिहास-लेखन की परंपरा में मिश्र बंधुओं ने किस ग्रंथ द्वारा अपना महत्त्वपूर्ण योगदान किया?
    (अ) मिश्रबंधु विनोद (ब) शिवसिंह सरोज
    (स) हिंदी शब्द सागर (द) हिंदी साहित्य
55. हिंदी साहित्य के इतिहास लेखन से पूर्व किस प्रसिद्ध ग्रंथ में हिंदी के विभिन्न कवियों के जीवन वृत्त एवं कृतित्व का परिचय मिलता है?
    (अ) गुरुग्रंथ साहिब (ब) भक्त नामावली

उत्तर के लिए कृपया पृष्ठ सं. 147 देखें।

(स) चौरासी वैष्णवन की वार्त्ता (द) शृंगार-संग्रह

56. आचार्य रामचंद्र शुक्ल का इतिहास ग्रंथ 'हिंदी साहित्य का इतिहास' स्वतंत्र पुस्तक से पूर्व किस रूप में प्रकाशित हुआ था?

(अ) हिंदी शब्द सागर की भूमिका

(ब) साहित्य पत्रिका की लेख-माला

(स) पत्रिका के विशेषांक

(द) साहित्यालोचन

57. 'द मॉडर्न वर्नेक्युलर लिटरेचर ऑफ हिंदुस्तान' का लेखक कौन है?

(अ) जॉर्ज ग्रियर्सन (ब) गार्सां द तॉसी

(स) रैने बैलक (द) गिलक्राइस्ट

58. हिंदी साहित्येतिहास की परंपरा में सर्वोच्च स्थान किस लेखक को मिला?

(अ) रामकुमार वर्मा (ब) शिवसिंह सेंगर

(स) रामचंद्र शुक्ल (द) धीरेंद्र वर्मा

59. गार्सां द तॉसी ने 'इस्त्वार द ला लितरेत्यूर ऐंदुई ऐंदुस्तानी' ग्रंथ की रचना किस भाषा में की?

(अ) फ्रेंच (ब) अंग्रेजी

(स) रूसी (द) जर्मन

60. 'हिंदी साहित्य' नामक इतिहास ग्रंथ का संपादन किसने किया?

(अ) डॉ. नगेंद्र (ब) डॉ. धीरेंद्र वर्मा

(स) रामकुमार वर्मा (द) लक्ष्मीसागर वार्ष्णेय

61. किस आलोचक ने आदिकाल को 'बीजवपन काल' नाम से अभिहित किया है?

(अ) हजारी प्रसाद द्विवेदी (ब) महावीर प्रसाद द्विवेदी

(स) श्यामसुंदर दास (द) रामकुमार वर्मा

62. 'सरहपाद' को हिंदी का प्रथम कवि किसने माना?

(अ) मिश्रबंधु (ब) चंद्रधर शर्मा 'गुलेरी'

(स) राहुल सांकृत्यायन (द) हजारी प्रसाद द्विवेदी

उत्तर के लिए कृपया पृष्ठ सं. 147 देखें।

63. आचार्य रामचंद्र शुक्ल ने हिंदी साहित्य के प्रारंभिक काल को किस नाम से अभिहित किया?

(अ) आदिकाल (ब) वीरगाथाकाल

(स) चारणकाल (द) सिद्ध-सामंतकाल

64. हिंदी साहित्य के अंतर्गत किस काल को 'हिंदी साहित्य का स्वर्ण युग' कहा गया है?

(अ) भक्तिकाल (ब) मध्यकाल

(स) उत्तर मध्यकाल (द) आधुनिककाल

65. आदिकालीन कृति 'ढोला मारू-रा दूहा' की गणना किस साहित्य के अंतर्गत की जाती है?

(अ) रासो साहित्य (ब) जैन साहित्य

(स) सिद्ध साहित्य (द) लौकिक साहित्य

66. आदिकाल के अंतर्गत सरहपा, लुइपा, शबरपा आदि कवि किस साहित्य से संबद्ध हैं?

(अ) जैन साहित्य (ब) सिद्ध साहित्य

(स) लौकिक साहित्य (द) रासो साहित्य

67. आचार्य रामचंद्र शुक्ल के अनुसार हिंदी का प्रथम महाकाव्य कौन सा है?

(अ) पृथ्वीराजरासो (ब) बीसलदेवरासो

(स) संदेशरासक (द) खुमाणरासो

68. आदिकाल की रूढ़ियों, परंपराओं और प्रवृत्तियों को समझने में किस पुस्तक से सहायता मिलती है?

(अ) उक्ति-व्यक्ति प्रकरण (ब) प्राकृत पैंगलम्

(स) खालिक बारी (द) श्रावकाचार

69. 'पृथ्वीराजरासो' का रचयिता किसे माना जाता है?

(अ) नरपति नाल्ह (ब) जगनिक

(स) चंदबरदाई (द) गोरखनाथ

70. रासो काव्य-परंपरा में गेय काव्य कौन सा है?

उत्तर के लिए कृपया पृष्ठ सं. 147 देखें।

(अ) बीसलदेवरासो (ब) परमालरासो
(स) वर्णरत्नाकर (द) राउलवेल

71. दामोदर शर्मा द्वारा लिखित 'उक्ति-व्यक्ति प्रकरण' किस प्रकार का ग्रंथ है?
(अ) इतिहास ग्रंथ (ब) भाषा-सर्वेक्षण ग्रंथ
(स) व्याकरण ग्रंथ (द) काव्य ग्रंथ

72. आदिकाल में खड़ी बोली को काव्य की भाषा बनानेवाला पहला कवि कौन है?
(अ) दामोदर शर्मा (ब) अमीर खुसरो
(स) चंदबरदाई (द) सरहपा

73. आदिकालीन शिलांकित कृति का नाम क्या है, जिसे गद्य-पद्य मिश्रित चंपू काव्य की प्राचीनतम हिंदी कृति माना गया?
(अ) वर्णरत्नाकर (ब) खालिकबारी
(स) दो सुरवने (द) राउलवेल

74. अमीर खुसरो किस तरह की रचनाओं के लिए प्रसिद्ध रहे हैं?
(अ) पहेलियाँ-मुकरियाँ (ब) गजल
(स) गीत (द) दोहे

75. आदिकालीन साहित्य में वीर रस की रचनाओं में किस शैली का प्रयोग किया गया?
(अ) पिंगल (ब) डिंगल
(स) दोहा-चौपाई (द) कवित्त-सवैया

76. आदिकाल के किस पंथ से भक्तिकाल के संत मत का विकास हुआ?
(अ) बौद्ध (ब) जैन
(स) नाथ (द) वज्रयान

77. डॉ. रामकुमार वर्मा ने आदिकाल का नामकरण किस रूप में किया?
(अ) अपभ्रंशकाल (ब) संधिकाल और चारणकाल
(स) सिद्ध-सामंतकाल (द) अंधकारकाल

78. नाथ संप्रदाय के प्रवर्तक कौन थे?

उत्तर के लिए कृपया पृष्ठ सं. 147 देखें।

(अ) गोरखनाथ (ब) गोपीचंद

(स) चौरंगीनाथ (द) चुणकरनाथ

79. 'कीर्तिलता' और 'कीर्तिपताका' किस कवि की रचनाएँ हैं?

(अ) विद्यापति (ब) रामानंद

(स) नरपति नाल्ह (द) अमीर खुसरो

80. 'दसवीं से चौदहवीं शताब्दी का काल, जिसे हिंदी का आदिकाल कहते हैं, भाषा की दृष्टि से अपभ्रंश का ही बढ़ाव है।' यह कथन किस लेखक का है?

(अ) रामचंद्र शुक्ल (ब) हजारी प्रसाद द्विवेदी

(स) श्यामसुंदर दास (द) धीरेंद्र वर्मा

81. आदिकाल को 'चारणकाल' की संज्ञा देनेवाले विद्वान् कौन थे?

(अ) मिश्रबंधु (ब) जॉर्ज ग्रियर्सन

(स) रमाशंकर शुक्ल 'रसाल' (द) राहुल सांकृत्यायन

82. सिद्ध साहित्य के अंतर्गत सिद्दों की संख्या कितनी मानी गई है?

(अ) साठ (ब) चालीस

(स) चौरासी (द) बीस

83. जैन साहित्य की रास-परंपरा के प्रथम ग्रंथ 'भरतेश्वर-बाहुबली रास' का रचनाकार कौन है?

(अ) शालिभद्र सूरि (ब) श्रावकाचार

(स) विजयसेन सूरि (द) जिनधर्म सूरि

84. शिवसिंह सेंगर ने किस कवि को हिंदी का प्रथम कवि माना है?

(अ) सरहपाद (ब) पुष्य (पुंड)

(स) कबीर (द) लुइया

85. 'जय मयंक-जस चंद्रिका' की रचना किस कवि ने की?

(अ) भट्ट केदार (ब) गोपीचंद

(स) ज्योतिरीश्वर ठाकुर (द) मधुकर

86. भरथरी, जलंध्रीपाव कवि किस साहित्य से संबद्ध हैं?

(अ) सिद्ध साहित्य (ब) नाथ साहित्य

उत्तर के लिए कृपया पृष्ठ सं. 147 देखें।

(स) जैन साहित्य (द) रासो साहित्य

87. आदिकाल के अंतर्गत किस साहित्य की प्रामाणिकता संदिग्ध मानी गई है?
    (अ) रासो साहित्य (ब) लौकिक साहित्य
    (स) जैन साहित्य (द) रास काव्य

88. आचार्य हजारी प्रसाद द्विवेदी ने 'गाथा' को किस भाषा का मुख्य छंद माना है?
    (अ) पालि (ब) प्राकृत
    (स) अपभ्रंश (द) हिंदी

89. 'वर्णरत्नाकर' किस प्रकार की कृति है?
    (अ) चंपू काव्य (ब) गद्य
    (स) व्याकरण (द) खंड काव्य

भक्तिकाल

90. सोलहवीं-सत्रहवीं शताब्दी के युग को 'हिंदी काव्य का स्वर्ण युग' मानना किस इतिहास लेखक की महत्त्वपूर्ण उपलब्धि मानी गई?
    (अ) गार्सां द ताँसी (ब) शिवसिंह सेंगर
    (स) मिश्रबंधु (द) जॉर्ज ग्रियर्सन

91. आचार्य रामचंद्र शुक्ल के अनुसार भक्तिकाल का सीमांकन कहाँ से कहाँ तक है?
    (अ) 1318-1643 ई. (ब) 1388-1503 ई.
    (स) 1400-1600 ई. (द) 1360-1700 ई.

92. शंकराचार्य ने सामाजिक एकीकरण के लिए किस दार्शनिक-आध्यात्मिक ऐक्य का निरूपण किया?
    (अ) विशिष्टाद्वैत (ब) द्वैताद्वैत
    (स) अद्वैत वेदांत (द) शुद्धाद्वैत

93. रामानंद किस भक्तिधारा के प्रमुख कवि हैं?
    (अ) सगुण भक्तिधारा (ब) निर्गुण भक्तिधारा

उत्तर के लिए कृपया पृष्ठ सं. 147 देखें।

(स) कृष्ण काव्यधारा (द) राम काव्यधारा

94. नाभादास-रचित किस ग्रंथ में कबीर के संबंध में उल्लेख मिलता है?

(अ) भक्तमाल (ब) अष्टयाम

(स) कबीर चरित्र-बोध (द) कबीर परिचई

95. 'अब कैसे छूटै राम नाम रट लागी।
प्रभुजी तुम चंदन हम पानी, जाकी अंग-अंग बास समानी।'
ये पंक्तियाँ किस संत कवि की हैं?

(अ) कबीरदास (ब) मलूकदास

(स) रैदास (द) सुंदरदास

96. भक्तिकाल के अंतर्गत प्रेमपीर का प्रचारक कवि किसे माना गया?

(अ) रसखान (ब) जायसी

(स) सूरदास (द) कबीरदास

97. किस आचार्य की गणना वैष्णव भक्ति के प्रतिष्ठापक आचार्यों में नहीं की जाती?

(अ) रामानुजाचार्य (ब) हरिदास निरंजनी

(स) विष्णु स्वामी (द) वल्लभाचार्य

98. भक्ति का कौन सा रूप पहले दक्षिण के आलवार संतों की वाणी के माध्यम से प्रस्फुटित हुआ?

(अ) रामभक्ति (ब) कृष्णभक्ति

(स) निर्गुणभक्ति (द) पुष्टिभक्ति

99. किस संस्कृत काव्य में पहले कृष्णलीलाओं का उल्लेख मिलता है?

(अ) ब्रह्मचरित (ब) गीतगोविंद

(स) गाथा सप्तशती (द) वेणीसंहार

100. 'मसि कागद छुयौ नहिं, कलम गह्यौ नहिं हाथ।' यह पंक्ति किस भक्त कवि को लक्ष्य करके कही गई है?

(अ) नानकदेव (ब) कबीरदास

(स) दादू दयाल (द) रैदास

101. 'पद्मावत' का लेखक कौन है?

उत्तर के लिए कृपया पृष्ठ सं. 147 देखें।

(अ) जायसी (ब) मंझन
(स) आलम (द) उसमान

102. आचार्य रामचंद्र शुक्ल ने प्रेमाख्यान काव्य-परंपरा का प्रथम कवि किसे माना है?
(अ) जायसी (ब) कुतुबन
(स) मुल्ला दाऊद (द) मंझन

103. 'अष्टछाप' की स्थापना कब हुई?
(अ) 1560 ई. (ब) 1600 ई.
(स) 1565 ई. (द) 1570 ई.

104. सूरदास की भक्ति-पद्धति का मेरुदंड कौन सी भक्ति है?
(अ) वैष्णवभक्ति (ब) रामभक्ति
(स) निर्गुणभक्ति (द) पुष्टिमार्गीय भक्ति

105. 'अजगर करै न चाकरी, पंछी करै न काम।
दास मलूका कह गए सबके दाता राम॥'
उपर्युक्त पंक्तियाँ किस कवि की हैं?
(अ) दादू दयाल (ब) लालदास
(स) मलूकदास (द) सुंदरदास

106. कबीर किसके शिष्य थे?
(अ) रामानुज (ब) रामानंद
(स) शंकराचार्य (द) नानकदेव

107. 'चंदायन' किस लेखक की रचना है?
(अ) दामोदर (ब) ईश्वरदास
(स) मुल्ला दाऊद (द) कुतुबन

108. 'ढोला मारू-रा दूहा' के रचयिता कौन हैं?
(अ) कल्लोल (ब) नंददास
(स) आलम (द) नारायणदास

109. किस 'रामायण' को आदिकाव्य मानकर रामकथा के मूल स्रोत के रूप में स्वीकार किया जाता है?

उत्तर के लिए कृपया पृष्ठ सं. 147 देखें।

(अ) आनंद रामायण (ब) राघवोल्लास

(स) अध्यात्म रामायण (द) वाल्मीकि रामायण

110. 'जानकीहरण' का रचयिता कौन है ?

(अ) कुमारदास (ब) भवभूति

(स) माधव भट्ट (द) धनंजय

111. रज्जब, सुंदरदास, प्रागदास आदि संत कवि किस पंथ के अनुयायी थे ?

(अ) नानक पंथ (ब) दादू पंथ

(स) कबीर पंथ (द) इसलाम पंथ

112. 'रामलला नहछू' किसकी रचना है ?

(अ) तुलसीदास (ब) रहीम

(स) केशवदास (द) नाभादास

113. विद्यापति का जन्म कहाँ हुआ था ?

(अ) बिहार (ब) राजस्थान

(स) मध्य प्रदेश (द) उत्तर प्रदेश

114. किस संप्रदाय में कृष्ण के वामांग में राधा के साथ कृष्ण की उपासना का विधान है ?

(अ) राधावल्लभ संप्रदाय (ब) हरिदासी संप्रदाय

(स) निंबार्क संप्रदाय (द) वल्लभ संप्रदाय

115. तुलसीदास की भक्ति किस प्रकार की है ?

(अ) दास्यभाव (ब) प्रेमाभक्ति

(स) पुष्टिमार्गी (द) रागानुरागाभक्ति

116. 'अष्टछाप' के दार्शनिक गुरु कौन हैं ?

(अ) रामानंद (ब) निंबार्क

(स) वल्लभाचार्य (द) शंकराचार्य

117. भक्ति का प्रस्थान ग्रंथ कौन सा है ?

(अ) गीता (ब) महाभारत

(स) रामायण (द) भागवत

उत्तर के लिए कृपया पृष्ठ सं. 147 व 148 देखें।

118. 'मैं कहता हूँ आँखिन देखी, तू कहता कागद की लेखी' कहनेवाले भक्त कवि कौन थे?

(अ) कुंभनदास (ब) दादू दयाल
(स) रज्जब (द) कबीरदास

119. 'भक्तन को कहा सीकरी सों काम' किस कवि की पंक्ति है?

(अ) परमानंददास (ब) कृष्णदास
(स) कुंभनदास (द) कबीरदास

120. सूरदास का लीला-वर्णन किससे प्रभावित है?

(अ) महाभारत (ब) विद्यापति की पदावली
(स) गीतगोविंद (द) भागवतपुराण

121. इन कवियों में कौन सा कवि अष्टछाप से संबद्ध नहीं है?

(अ) कुंभनदास (ब) केशवदास
(स) सूरदास (द) कृष्णदास

122. तुलसीदासकृत 'विनयपत्रिका' की रचना किस भाषा में की गई है?

(अ) अवधी (ब) खड़ी बोली हिंदी
(स) ब्रजभाषा (द) मैथिली

123. केशवदास की किस रचना की गणना 'लक्षण ग्रंथ' के अंतर्गत की जाती है?

(अ) रतन बावनी (ब) रामचंद्रिका
(स) जहाँगीर जस चंद्रिका (द) कविप्रिया

124. 'चौरासी वैष्णवन की वार्त्ता' का लेखक कौन है?

(अ) गोकुलनाथ (ब) नाभादास
(स) यदुनाथ (द) हरिराय

125. 'बरवै रामायण' किसकी रचना है?

(अ) तुलसीदास (ब) नरहरि बारहट
(स) केशवदास (द) प्राणचंद चौहान

126. कृष्ण की सरस क्रीड़ाओं का वर्णन करनेवाला प्रख्यात ग्रंथ कौन सा है?

उत्तर के लिए कृपया पृष्ठ सं. 148 देखें।

(अ) कृष्णकर्णामृत (ब) गीतगोविंद

(स) कंस निधन महाकाव्य (द) ध्वन्यालोक

127. सूरदास के संबंध में जानकारी का आधार ग्रंथ मुख्यतः कौन सा है?

(अ) भावप्रकाश (ब) चौरासी वैष्णवन की वार्त्ता

(स) सूरसागर सारावली (द) साहित्य लहरी

128. नामदेव का संबंध किस प्रवृत्ति से है?

(अ) सगुणवाद (ब) नाथ पंथ

(स) निर्गुणवाद (द) सूफी मत

129. 'परहित सरिस धरम नहिं भाई' पंक्ति किस रचनाकार की है?

(अ) तुलसीदास (ब) केशवदास

(स) रहीम (द) कबीरदास

130. किस काव्यधारा के अंतर्गत मूर्तिपूजा और अवतारवाद का विरोध किया गया है?

(अ) सगुण काव्यधारा (ब) कृष्ण काव्यधारा

(स) राम काव्यधारा (द) संत काव्यधारा

131. भक्तिकाल के अंतर्गत किस काव्यधारा में विवाह पूर्व समाज-निरपेक्ष स्वच्छंद प्रेम का निरूपण किया गया है?

(अ) कृष्ण काव्य (ब) सूफी काव्य

(स) सगुण काव्य (द) निर्गुण काव्य

132. 'कृष्ण गीतावली' का रचयिता कौन है?

(अ) सूरदास (ब) नंददास

(स) तुलसीदास (द) मीराबाई

133. 'या लकुटि अरु कामरिया पर राज तिहूँ पुर कौ तजि डारौं।' इस पंक्ति की रचना किसने की?

(अ) सूरदास (ब) रत्नाकर

(स) रसखान (द) नंददास

134. मलिक मुहम्मद जायसी की रचना 'पद्मावत' किस भाषा में है?

(अ) खड़ी बोली (ब) राजस्थानी

उत्तर के लिए कृपया पृष्ठ सं. 148 देखें।

(स) अवधी (द) ब्रजभाषा

135. मीराबाई की भक्ति किस भाव की है ?

(अ) वात्सल्य भाव (ब) माधुर्य भाव

(स) सख्य भाव (द) दास्य भाव

136. 'जाके प्रिय न राम बैदेही' पंक्ति तुलसीदास की किस रचना से उद्धृत है ?

(अ) कवितावली (ब) गीतावली

(स) विनयपत्रिका (द) रामचरितमानस

137. इनमें से किस कवि को 'ब्रजकोकिल' कहा जाता था ?

(अ) सूरदास (ब) श्रीधर पाठक

(स) रसखान (द) सत्यनारायण कविरत्न

138. संत साहित्य में सबसे अधिक पंडित कवि कौन हैं ?

(अ) रज्जब (ब) दरिया साहब

(स) सुंदरदास (द) दादू दयाल

139. 'दुलहिन गावहु मंगलाचार' पद किसके द्वारा रचित है ?

(अ) तुलसीदास (ब) कबीरदास

(स) सूरदास (द) रसखान

140. 'रामचरितमानस' में कितने कांड हैं ?

(अ) पाँच (ब) बारह

(स) आठ (द) सात

141. 'मानुष प्रेम भयेउ बैकुंठी' पंक्ति किस कवि की है ?

(अ) तुलसीदास (ब) मंझन

(स) मलिक मुहम्मद जायसी (द) कुतुबन

रीतिकाल

142. रीतिकाल को 'शृंगारकाल' की संज्ञा देनेवाले विद्वान् कौन हैं—

(अ) रामचंद्र शुक्ल (ब) धीरेंद्र वर्मा

(स) विश्वनाथ प्रसाद मिश्र (द) मिश्रबंधु

उत्तर के लिए कृपया पृष्ठ सं. 148 देखें।

143. 'कठिन काव्य का प्रेत' किस कवि को कहा गया है ?

(अ) केशव (ब) चिंतामणि

(स) बोधा (द) ठाकुर

144. 'आगे के कवि रीझिहैं तो कविताई न तौ राधिका कन्हाई सुमिरन को बहानो है।' ये पंक्तियाँ किस कवि की हैं ?

(अ) मतिराम (ब) भिखारीदास

(स) रसलीन (द) बिहारी

145. इनमें से कौन सी रचना मतिराम की है ?

(अ) सुजानचरित (ब) कविप्रिया

(स) ललितललाम (द) जगद्विनोद

146. 'मोहि तौ मोरे कवित्त बनावत' के कवि कौन हैं ?

(अ) मतिराम (ब) चिंतामणि

(स) रसलीन (द) घनानंद

147. 'सुजानचरित' किसकी रचना है ?

(अ) घनानंद (ब) ठाकुर

(स) सूदन (द) बोधा

148. 'कविकुल कल्पतरु' किसकी रचना है ?

(अ) चिंतामणि (ब) देव

(स) केशव (द) मतिराम

149. रीतिमुक्त कवि कौन हैं ?

(अ) केशवदास (ब) घनानंद

(स) भिखारीदास (द) चिंतामणि

150. 'अमिय हलाहल मद भरे स्वेत स्याम रतनार।
जियत मरत झुकि-झुकि परत जेहि चितवत इक बार॥'
उपर्युक्त दोहा किस कवि का है ?

(अ) बिहारी (ब) रसलीन

(स) रसखान (द) ठाकुर

151. निम्नलिखित ग्रंथों में कौन सा ग्रंथ छंद विवेचन से संबद्ध नहीं है ?

उत्तर के लिए कृपया पृष्ठ सं. 148 देखें।

(अ) प्राकृत पैंगलम् (ब) छंदोमंजरी
(स) श्रुतबोध (द) विरह वारीश

152. इनमें से किस कवि ने लक्ष्मण ग्रंथ नहीं लिखा?
(अ) मतिराम (ब) चिंतामणि
(स) भूषण (द) घनानंद

153. रीतिकाल के किस कवि में भक्ति और शृंगार का समन्वयात्मक योग है?
(अ) सेनापति (ब) घनानंद
(स) भिखारीदास (द) जानकवि

154. निम्नलिखित पंक्तियाँ किस रचनाकार की हैं?
'तंत्रीनाद कवित्त रस, सरस राग रति रंग।
अनबूड़े बूड़े तिरे, जे बूड़े सब अंग।'
(अ) घनानंद (ब) मतिराम
(स) बिहारी (द) ठाकुर

155. 'अति सूधो सनेह को मारग है' किसकी उक्ति है?
(अ) बोधा (ब) ठाकुर
(स) घनानंद (द) आलम

156. ऋतु-वर्णन के लिए विशेषतः रीतिकाल का कौन सा कवि प्रसिद्ध है?
(अ) देव (ब) बिहारी
(स) सेनापति (द) पद्‌माकर

157. स्वच्छंद प्रेम का निर्बंध गायक कौन है?
(अ) वृंद (ब) आलम
(स) बिहारी (द) मतिराम

158. 'देखन में छोटे लगैं, घाव करैं गंभीर' इस उक्ति को किस कवि की रचनाओं ने चरितार्थ किया?
(अ) ठाकुर (ब) देव
(स) बोधा (द) बिहारी

उत्तर के लिए कृपया पृष्ठ सं. 148 देखें।

159. मतिराम की प्रसिद्धि का आधार-स्तंभ कौन सा ग्रंथ है?

(अ) रसराज (ब) वृत्त कौमुदी

(स) छंदसार (द) अलंकार पंचाशिका

160. 'काव्यनिर्णय' ग्रंथ किस कवि का है?

(अ) चिंतामणि (ब) मतिराम

(स) भिखारीदास (द) कुलपति मिश्र

161. 'बिहारी सतसई' में कितने दोहे हैं?

(अ) सात सौ तेरह (ब) सात सौ

(स) सात सौ पंद्रह (द) सात सौ एक

162. गेय पदों की रचना कौन सी है?

(अ) सूरसागर (ब) काव्य मंजरी

(स) कविप्रिया (द) बिहारी सतसई

163. 'काव्य की रीति सिख्यौ सुकवीन्ह सौं' यह पंक्ति किस कवि की है?

(अ) चिंतामणि (ब) मतिराम

(स) भूषण (द) भिखारीदास

164. आचार्य रामचंद्र शुक्ल के अनुसार रीतिकाल का सीमांकन क्या है?

(अ) 1643-1843 ई. (ब) 1601-1800 ई.

(स) 1700-1900 ई. (द) 1680-1860 ई.

165. इन ग्रंथों में सिद्धांत-निरूपक ग्रंथ कौन सा है?

(अ) वक्रोक्ति जीवितम् (ब) छत्रप्रकाश

(स) पंचाध्यायी (द) गोपी पच्चीसी

166. 'शिवाबावनी' के रचयिता कौन हैं?

(अ) गोविंद सिंह (ब) भूषण

(स) आलम (द) मंडन

167. रीतिकाल को 'अलंकृतकाल' की संज्ञा किसने दी है?

(अ) मिश्रबंधु (ब) रामकुमार वर्मा

(स) धीरेंद्र वर्मा (द) हजारी प्रसाद द्विवेदी

168. 'इश्कनामा' किसकी कृति है?

उत्तर के लिए कृपया पृष्ठ सं. 148 देखें।

(अ) आलम (ब) बोधा
(स) ठाकुर (द) द्विजदेव

169. इनमें से कौन सा कवि रीतिबद्ध काव्यधारा से संबद्ध नहीं है ?
(अ) चिंतामणि (ब) मतिराम
(स) पद्माकर (द) बिहारी

170. 'जदपि सुजाति सुलक्षिणी सुवरण सरस सुवृत।
भूषण बिनु न विराजहिं कविता बनिता मित॥'
उपर्युक्त पंक्तियाँ किसकी हैं ?
(अ) मतिराम (ब) चिंतामणि
(स) भूषण (द) केशवदास

171. किस कवि ने 'सतसई' की रचना नहीं की है ?
(अ) मतिराम (ब) वृंद
(स) बिहारी (द) लाल कवि

172. किस कवि की कविता की हृदय-वेधकता को लक्ष्य करके उसे 'नावक के तीर' कहा गया ?
(अ) बिहारी (ब) घनानंद
(स) देव (द) पद्माकर

173. 'छत्रप्रकाश' किसकी रचना है ?
(अ) लाल कवि (ब) श्रीधर
(स) ग्वाल (द) मंडन

174. 'अभिधा उत्तम काव्य है मध्य लक्षणा लीन।
अधम व्यंजना रस विरस उलटी कहत नवीन॥'
यह स्थापना किसकी है ?
(अ) चिंतामणि (ब) देव
(स) भारतेंदु (द) बालकृष्ण शर्मा 'नवीन'

175. 'सुजान विनोद' किसकी रचना है ?
(अ) देव (ब) चिंतामणि
(स) घनानंद (द) पद्माकर

उत्तर के लिए कृपया पृष्ठ सं. 148 देखें।

176. 'बिहारी सतसई' पर किस ग्रंथ का प्रभाव है ?

(अ) नवरस तरंग (ब) शृंगार सागर

(स) गाथा सप्तशती (द) ब्रजविलास

177. 'कुंदन को रंग फीकौ लगे' किसकी पंक्ति है ?

(अ) रसलीन (ब) वृंद

(स) मतिराम (द) आलम

178. 'मेरौ तो गिरधर गोपाल'—यह पंक्ति किसकी है ?

(अ) तुलसीदास (ब) मीराबाई

(स) रसखान (द) रहीम

179. 'कवितावली' के रचयिता कौन है ?

(अ) सूरदास (ब) कुंभनदास

(स) मीराबाई (द) तुलसीदास

आधुनिककाल पूर्व पीठिका

180. हिंदी साहित्य में आधुनिक हिंदी साहित्य के सूत्रधार कौन हैं ?

(अ) बालकृष्ण भट्ट (ब) महावीर प्रसाद द्विवेदी

(स) भारतेंदु हरिश्चंद्र (द) प्रतापनारायण मिश्र

181. आधुनिककाल के प्रारंभिक काल को कौन सा काल कहा गया है ?

(अ) नवलेखनकाल (ब) जागरणकाल

(स) जागरण-सुधारकाल (द) पुनर्जागरणकाल

182. रामचंद्र शुक्ल ने आधुनिककाल को किन दो खंडों में बाँटा है ?

(अ) जागरण-सुधारकाल

(ब) पुरानी काव्यधारा-नई काव्यधारा

(स) प्रथम चरण-द्वितीय चरण

(द) गद्य खंड-काव्य खंड

183. आधुनिक युग में किस भाषा की जगह खड़ी बोली ने ले ली ?

(अ) ब्रजभाषा (ब) अवधी

(स) पश्चिमी हिंदी (द) पूर्वी हिंदी

उत्तर के लिए कृपया पृष्ठ सं. 148 व 149 देखें।

184. आधुनिककाल के द्वितीय चरण को किस काल की संज्ञा दी गई है ?

(अ) जागरणकाल (ब) सुधारकाल

(स) नवलेखनकाल (द) पुनर्जागरणकाल

185. आधुनिककाल की प्रारंभिक सीमा क्या मानी गई है ?

(अ) 1900 ई. (ब) 1750 ई.

(स) 1850 ई. (द) 1920 ई.

186. भारतेंदु युग को पुनर्जागरणकाल की संज्ञा किसने दी ?

(अ) रामचंद्र शुक्ल (ब) जॉर्ज ग्रियर्सन

(स) रामकुमार वर्मा (द) डॉ. नगेंद्र

187. 'आधुनिक साहित्य' पुस्तक का लेखक कौन है ?

(अ) रामस्वरूप चतुर्वेदी (ब) धीरेंद्र वर्मा

(स) अज्ञेय (द) नंददुलारे वाजपेयी

188. आधुनिक काल में आधुनिकता के फलस्वरूप साहित्य में किस प्रवृत्ति का समावेश हुआ ?

(अ) भक्ति-भावना (ब) राष्ट्रीय चेतना

(स) श्रृंगार-भावना (द) प्रकृति-चित्रण

189. 'हिंदी साहित्य का आधुनिक इतिहास' ग्रंथ का लेखक कौन है ?

(अ) शिवसिंह सेंगर (ब) रामकुमार वर्मा

(स) अज्ञेय (द) हजारी प्रसाद द्विवेदी

☐

उत्तर के लिए कृपया पृष्ठ सं. 149 देखें।

3
कविता

190. भारतेंदु मंडल के कवियों में इनमें से कौन कवि सम्मिलित नहीं था?
   (अ) ठाकुर जगमोहन सिंह (ब) बदरीनारायण चौधरी 'प्रेमघन'
   (स) राधाकृष्ण दास (द) श्रीधर पाठक

191. हिंदी का प्रथम राष्ट्रवादी कवि कौन है?
   (अ) मैथिलीशरण गुप्त (ब) रामनरेश त्रिपाठी
   (स) भारतेंदु हरिश्चंद्र (द) श्रीधर पाठक

192. किस कवि को आधुनिक हिंदी साहित्य का 'बापू' कहा गया है?
   (अ) भवानी प्रसाद मिश्र (ब) सियारामशरण गुप्त
   (स) काका कालेलकर (द) मैथिलीशरण गुप्त

193. 'पावस पचासा' तथा 'सुकवि सतसई' का रचयिता कौन है?
   (अ) अंबिकादत्त व्यास (ब) भारतेंदु हरिश्चंद्र
   (स) राधाकृष्ण दास (द) ठाकुर जगमोहन सिंह

194. इनमें कौन सा कवि दो युगों के संधिस्थल पर अवस्थित है?
   (अ) मैथिलीशरण गुप्त
   (ब) गयाप्रसाद शुक्ल 'सनेही'
   (स) अयोध्यासिंह उपाध्याय 'हरिऔध'
   (द) भारतेंदु हरिश्चंद्र

195. 'मौर्य विजय' का रचयिता कौन है?

उत्तर के लिए कृपया पृष्ठ सं. 149 देखें।

(अ) जयशंकर प्रसाद (ब) बालकृष्ण शर्मा 'नवीन'
(स) सियारामशरण गुप्त (द) रामनरेश त्रिपाठी

196. किस कवयित्री को 'हिंदी के विशाल मंदिर की वीणापाणि' कहा गया है?
(अ) सुभद्राकुमारी चौहान (ब) महादेवी वर्मा
(स) मीराबाई (द) तारा पांडेय

197. 'प्रकृति के सुकुमार कवि' विशेषण किस कवि के लिए प्रयुक्त होता है?
(अ) सुमित्रानंदन पंत (ब) गिरिजाकुमार माथुर
(स) निराला (द) भारतेंदु हरिश्चंद्र

198. इनमें से किस रचनाकार की गणना छायावाद के प्रवर्तकों में की जाती है?
(अ) मुकुटधर पांडेय (ब) सुमित्रानंदन पंत
(स) महादेवी वर्मा (द) निराला

199. 'यामा' किस रचनाकार की कृति है?
(अ) हरिवंशराय बच्चन (ब) निराला
(स) सुभद्राकुमारी चौहान (द) महादेवी वर्मा

200. 'प्रेम सरोवर', 'प्रेम माधुरी' तथा 'प्रेम फुलवारी' किस कवि की कृतियाँ हैं?
(अ) भारतेंदु हरिश्चंद्र (ब) जयशंकर प्रसाद
(स) रामनरेश त्रिपाठी (द) बदरीनारायण चौधरी 'प्रेमघन'

201. अंग्रेजी राज के गुप्तचर विभाग में मैथिलीशरण गुप्त की किस कृति का अर्थ 'जनाना हिंदुस्तान' समझा गया?
(अ) जयभारत (ब) भारत-भारती
(स) काबा और कर्बला (द) विरहिणी ब्रजांगना

202. किस कवि ने 'मैंने मैं शैली अपनाई' का दावा किया?
(अ) भारतेंदु हरिश्चंद्र (ब) निराला
(स) जयशंकर प्रसाद (द) हरिवंशराय बच्चन

उत्तर के लिए कृपया पृष्ठ सं. 149 देखें।

203. 'परिमल' और 'अनामिका' का रचयिता कौन है ?

(अ) निराला (ब) जगदीश गुप्त

(स) दिनकर (द) मुक्तिबोध

204. समरसतामूलक आनंदवाद की पृष्ठभूमि में लिखी गई जयशंकर प्रसाद की कृति कौन सी है ?

(अ) कामायनी (ब) प्रसाद संगीत

(स) चित्राधार (द) झरना

205. किस कवि ने मैथिलीशरण गुप्त के सामने स्वयं को 'महज डिप्टी राष्ट्रकवि' माना ?

(अ) सियारामशरण गुप्त (ब) रामधारी सिंह 'दिनकर'

(स) रामनरेश पांडेय (द) माखनलाल चतुर्वेदी

206. बुंदेली लोकशैली में गाई जानेवाले छंद में रची सुभद्राकुमारी चौहान की कौन सी कविता स्वाधीनता आंदोलन का नारा बनी ?

(अ) वीरों का कैसा हो वसंत (ब) जलियाँवाले बाग में वसंत

(स) झाँसी की रानी (द) राखी की चुनौती

207. किस कवि को 'सहजता का कवि' कहा जाता है ?

(अ) भवानी प्रसाद मिश्र (ब) श्रीधर पाठक

(स) जगन्नाथदास रत्नाकर (द) अज्ञेय

208. महादेवी वर्मा की 'यामा' में कितनी कृतियाँ सम्मिलित हैं ?

(अ) तींन (ब) चार

(स) पाँच (द) छह

209. 'आत्मजयी' का रचनाकार कौन है ?

(अ) मुक्तिबोध (ब) कुँवर नारायण

(स) नरेश मेहता (द) श्रीकांत वर्मा

210. ब्रजभाषा के आधुनिक कवि इनमें से कौन हैं ?

(अ) मैथिलीशरण गुप्त (ब) जगन्नाथदास रत्नाकर

(स) बालकृष्ण शर्मा 'नवीन' (द) सुमित्रानंदन पंत

211. 'कैदी और कोकिला' रचना किस रचनाकार की है ?

उत्तर के लिए कृपया पृष्ठ सं. 149 देखें।

(अ) माखनलाल चतुर्वेदी (ब) रामनरेश त्रिपाठी
(स) बालकृष्ण शर्मा 'नवीन' (द) सुभद्राकुमारी चौहान

212. इसमें से हरिवंशराय बच्चन की रचना कौन सी है ?
(अ) मधुबाला (ब) मधुकलश
(स) मधुशाला (द) निशा निमंत्रण

213. 'आँसू की बालिका' किस कवि की रचना है ?
(अ) जयशंकर प्रसाद (ब) सुमित्रानंदन पंत
(स) नरेंद्र शर्मा (द) महादेवी वर्मा

214. आधुनिक हिंदी में रामकाव्य का लोकप्रिय प्रबंध काव्य कौन सा है ?
(अ) रामचरितमानस (ब) अंधा युग
(स) साकेत (द) बरवै रामायण

215. 'मनुष्यों की मुक्ति की तरह कविता की भी मुक्ति है।' यह कथन किसका है ?
(अ) निराला (ब) रामचंद्र शुक्ल
(स) सुमित्रानंदन पंत (द) माखनलाल चतुर्वेदी

216. 'उर्वशी' का रचनाकार कौन है ?
(अ) धर्मवीर भारती (ब) मैथिलीशरण गुप्त
(स) कुँवर नारायण (द) रामधारी सिंह 'दिनकर'

217. 'चुभते चौपदे' तथा 'चोखे चौपदे' किस कवि की काव्य-कृतियाँ हैं ?
(अ) अयोध्यासिंह उपाध्याय 'हरिऔध' (ब) श्रीधर पाठक
(स) बदरीनारायण चौधरी 'प्रेमघन' (द) जगन्नाथदास रत्नाकर

218. किस कवि को 'राष्ट्रकवि' की उपाधि से विभूषित किया गया है ?
(अ) श्रीधर पाठक (ब) रामधारी सिंह 'दिनकर'
(स) मैथिलीशरण गुप्त (द) रामनरेश त्रिपाठी

219. किस कवि ने गाँव-गाँव, घर-घर घूमकर रात-रात भर घरों के पिछवाड़े बैठकर सोहर और विवाह गीतों को चुन-चुनकर उनसे 'कविता कौमुदी' संकलन तैयार किया ?

उत्तर के लिए कृपया पृष्ठ सं. 149 देखें।

(अ) महादेवी वर्मा (ब) रामनरेश त्रिपाठी
(स) नरेंद्र शर्मा (द) रामेश्वर शुक्ल 'अंचल'

220. छायावाद के उपादानों को लेकर किस कवि ने 'श्रीशारदा' पत्रिका में लेखमाला लिखी?
(अ) जयशंकर प्रसाद (ब) निराला
(स) मुकुटधर पांडेय (द) महादेवी वर्मा

221. 'रोवहु सब मिलि, आबहु भारत कर्प,
हा! हा! भारत-दुर्दशा न देखी जाई।' यह किसकी पंक्ति है?
(अ) भारतेंदु हरिश्चंद्र (ब) मैथिलीशरण गुप्त
(स) श्रीधर पाठक (द) बदरीनारायण चौधरी 'प्रेमघन'

222. खड़ी बोली हिंदी का प्रथम महाकाव्य किसे माना गया है?
(अ) कामायनी (ब) प्रियप्रवास
(स) जयद्रथ-वध (द) जय भारत

223. 'हम कौन थे, क्या हो गए हैं और क्या होंगे अभी।' यह पंक्ति किसकी है?
(अ) अयोध्यासिंह उपाध्याय 'हरिऔध' (ब) रामनरेश त्रिपाठी
(स) मैथिलीशरण गुप्त (द) जयशंकर प्रसाद

224. अयोध्यासिंह उपाध्याय 'हरिऔध' किस युग के कवि हैं?
(अ) भारतेंदु युग (ब) द्विवेदी युग
(स) छायावाद (द) प्रगतिवाद

225. किस कवि ने खड़ी बोली के साथ-साथ ब्रजभाषा में काव्य-रचना नहीं की?
(अ) श्रीधर पाठक
(ब) अयोध्यासिंह उपाध्याय 'हरिऔध'
(स) नाथूराम शर्मा शंकर
(द) महादेवी वर्मा

226. 'मैं नीर भरी दु:ख की बदरी' पंक्ति किस कवयित्री की है?
(अ) महादेवी वर्मा (ब) मीराबाई

उत्तर के लिए कृपया पृष्ठ सं. 149 देखें।

(स) उषादेवी मित्रा (द) सुभद्राकुमारी चौहान

227. 'गीत फरोश' किसकी रचना है ?

(अ) नीरज (ब) हरिवंशराय बच्चन

(स) महादेवी वर्मा (द) भवानी प्रसाद मिश्र

228. 'जूही की कली' किसकी रचना है ?

(अ) महादेवी वर्मा (ब) जयशंकर प्रसाद

(स) सुमित्रानंदन पंत (द) सूर्यकांत त्रिपाठी 'निराला'

229. छायावाद के प्रसिद्ध चार स्तंभों में किसकी गणना नहीं की जाती ?

(अ) जयशंकर प्रसाद (ब) महादेवी वर्मा

(स) सुमित्रानंदन पंत (द) रामकुमार वर्मा

230. निराला की पहली काव्य-रचना कौन सी है ?

(अ) संध्या सुंदरी (ब) जूही की कली

(स) राम की शक्ति-पूजा (द) अनामिका

231. 'छायावाद स्थूल के प्रति सूक्ष्म का विद्रोह है'—यह धारणा किसकी है ?

(अ) जयशंकर प्रसाद (ब) महादेवी वर्मा

(स) डॉ. नगेंद्र (द) मुकुटधर पांडेय

232. 'कला और बूढ़ा चाँद' किसकी रचना है ?

(अ) सुमित्रानंदन पंत (ब) सूर्यकांत त्रिपाठी 'निराला'

(स) रामधारी सिंह 'दिनकर' (द) नागार्जुन

233. बालमुकुंद गुप्त किस युग के रचनाकार हैं ?

(अ) भारतेंदु युग (ब) छायावाद

(स) प्रगतिवाद (द) द्विवेदी युग

234. 'अबला जीवन हाय तुम्हारी यही कहानी, आँचल में है दूध और आँखों में पानी।' ये पंक्तियाँ किसकी हैं ?

(अ) मैथिलीशरण गुप्त (ब) सियारामशरण गुप्त

(स) जयशंकर प्रसाद (द) महादेवी वर्मा

235. 'सांध्य काकली' का रचयिता कौन है ?

उत्तर के लिए कृपया पृष्ठ सं. 149 देखें।

(अ) सुमित्रानंदन पंत (ब) रामकुमार वर्मा
(स) हरिवंशराय बच्चन (द) निराला

236. 'कुरुक्षेत्र' किसकी रचना है ?
(अ) रामधारी सिंह 'दिनकर' (ब) मैथिलीशरण गुप्त
(स) सियारामशरण गुप्त (द) निराला

237. निराला द्वारा रचित प्रसिद्ध शोकगीत कौन सा है ?
(अ) प्रेयसी (ब) सरोज स्मृति
(स) रेखा (द) अनामिका

238. प्रेम और मस्ती की काव्यधारा का कवि कौन है ?
(अ) जयशंकर प्रसाद (ब) सुमित्रानंदन पंत
(स) हरिवंशराय बच्चन (द) सूर्यकांत त्रिपाठी 'निराला'

239. 'महाप्राण' की उपाधि किस कवि के नाम के साथ जोड़ी जाती है ?
(अ) मैथिलीशरण गुप्त (ब) भारतेंदु हरिश्चंद्र
(स) सूर्यकांत त्रिपाठी 'निराला' (द) नागार्जुन

240. 'सखा श्रीकृष्ण के गुलाम राधारानी के' किस रचनाकार की पंक्ति है ?
(अ) अयोध्यासिंह उपाध्याय 'हरिऔध' (ब) रत्नाकर
(स) रसखान (द) भारतेंदु हरिश्चंद्र

241. 'सुमित्रानंदन पंत : काव्य-कला और जीवन-दर्शन' पुस्तक किसने लिखी है ?
(अ) विश्वंभर मानव (ब) शांति जोशी
(स) शचीरानी गुर्टू (द) डॉ. नगेंद्र

242. मैथिलीशरण गुप्त का जन्म कहाँ हुआ था ?
(अ) दिल्ली (ब) चिरगाँव
(स) मऊरानीपुर (द) मेदिनीपुर

243. 'निराला से बढ़कर स्वच्छंदतावादी कवि हिंदी में कोई नहीं है।' यह कथन किसका है ?
(अ) रामचंद्र शुक्ल (ब) नंददुलारे वाजपेयी
(स) रामविलास शर्मा (द) हजारी प्रसाद द्विवेदी

उत्तर के लिए कृपया पृष्ठ सं. 149 देखें।

244. 'खुल गए छंद के बंध' किसकी पंक्ति है ?

(अ) निराला (ब) मुकुटधर पांडेय

(स) सुमित्रानंदन पंत (द) श्रीधर पाठक

245. 'अँगरेज राज सुख साज सजै सब भारी।
पै धन विदेस चलि जात यहै अति ख्वारी॥'
ये पंक्तियाँ किस कवि की हैं ?

(अ) भारतेंदु हरिश्चंद्र (ब) मैथिलीशरण गुप्त

(स) सियारामशरण गुप्त (द) श्रीधर पाठक

246. सन् 1857 के प्रथम स्वाधीनता संग्राम पर किसकी रचना उस दौर में प्रेरणास्रोत थी ?

(अ) बालकृष्ण शर्मा 'नवीन' (ब) सूर्यकांत त्रिपाठी 'निराला'

(स) जयशंकर प्रसाद (द) सुभद्राकुमारी चौहान

247. सियारामशरण गुप्त किस विख्यात कवि के अनुज थे ?

(अ) जगदीश गुप्त (ब) मैथिलीशरण गुप्त

(स) बालमुकुंद गुप्त (द) श्यामलाल गुप्त

248. 'प्रिय प्रवास' कृति किस विधा में लिखी गई ?

(अ) प्रबंध काव्य (ब) मुक्तक काव्य

(स) वीर काव्य (द) खंड काव्य

249. 'निराला की साहित्य-साधना' पुस्तक का लेखक कौन है ?

(अ) रामविलास शर्मा (ब) इंदुनाथ मदान

(स) विद्यानिवास मिश्र (द) नंददुलारे वाजपेयी

250. किसके नवीन छंद को देखकर 'रबर छंद' कहकर मजाक उड़ाया गया ?

(अ) अज्ञेय (ब) निराला

(स) जगदीश गुप्त (द) धर्मवीर भारती

251. जयशंकर प्रसाद की किस कृति को 'छायावाद की प्रथम प्रयोगशाला' कहा गया ?

(अ) चित्राधार (ब) प्रेमपथिक

उत्तर के लिए कृपया पृष्ठ सं. 149 व 150 देखें।

(स) आँसू (द) झरना

252. किस कवि ने घोषणा की—'जाग्रत युग के स्वप्न फूलों से नहीं, चिनगारियों से सजाए जाते हैं'?

(अ) रामधारी सिंह 'दिनकर' (ब) निराला

(स) नागार्जुन (द) शिवमंगल सिंह 'सुमन'

253. 'गांधी पंचशती' का रचयिता कौन है?

(अ) सियारामशरण गुप्त (ब) भवानी प्रसाद मिश्र

(स) काका कालेलकर (द) जयशंकर प्रसाद

254. 'नई कविता' पत्रिका का प्रकाशन किस वर्ष शुरू हुआ?

(अ) 1952 ई. (ब) 1953 ई.

(स) 1954 ई. (द) 1955 ई.

255. 'तारसप्तक' का प्रकाशन वर्ष क्या है?

(अ) 1943 ई. (ब) 1945 ई.

(स) 1947 ई. (द) 1949 ई.

256. 'कवि कुछ ऐसी तान सुनाओ, जिससे उथल-पुथल मच जाए।
एक हिलोर इधर से आए एक हिलोर उधर से आए॥'
इन पंक्तियों के रचयिता का नाम क्या है?

(अ) बालकृष्ण शर्मा 'नवीन' (ब) श्यामनारायण पांडेय

(स) सुमित्रानंदन पंत (द) निराला

257. 'अज्ञेय और आधुनिक रचना की समस्या' किसकी पुस्तक है?

(अ) विश्वनाथ प्रसाद (ब) रामस्वरूप चतुर्वेदी

(स) इंद्रनाथ मदान (द) नंददुलारे वाजपेयी

258. 'तारसप्तक' में इनमें से किस कवि की रचना का समावेश नहीं है?

(अ) गिरिजाकुमार माथुर (ब) प्रभाकर माचवे

(स) रामविलास शर्मा (द) रघुवीर सहाय

259. 'इस करुणा कलित हृदय में, अब विकल रागिनी बजती।
क्यों हाहाकार स्वरों में वेदना असीम गरजती॥'
इन पंक्तियों से जयशंकर प्रसाद की किस कृति का आरंभ हुआ है?

उत्तर के लिए कृपया पृष्ठ सं. 150 देखें।

(अ) कामायनी (ब) झरना
(स) आँसू (द) लहर

260. 'तुम वहन कर सको जन मन में मेरे विचार,
वाणी मेरी चाहिए तुम्हें क्या अलंकार।'
उपर्युक्त पंक्तियाँ किसकी हैं ?
(अ) निराला (ब) सुमित्रानंदन पंत
(स) रामेश्वर शुक्ल 'अंचल' (द) जयशंकर प्रसाद

261. 'कुकुरमुत्ता' किसकी रचना है ?
(अ) निराला (ब) मुक्तिबोध
(स) नरेश मेहता (द) केदारनाथ अग्रवाल

262. 'क्वासि' किसकी रचना है ?
(अ) सियारामशरण गुप्त (ब) बालकृष्ण शर्मा 'नवीन'
(स) माखनलाल चतुर्वेदी (द) मैथिलीशरण गुप्त

263. इनमें से विजयदेव नारायण साही की कृति कौन सी है ?
(अ) कुआनो नदी (ब) मछलीघर
(स) साए में धूप (द) ओ प्रस्तुत मन

264. 'संसद् से सड़क तक' कविता-संग्रह किस कवि का है ?
(अ) धूमिल (ब) दुष्यंत
(स) रघुवीर सहाय (द) मुक्तिबोध

265. 'दूसरा सप्तक' किस वर्ष प्रकाशित हुआ ?
(अ) 1950 ई. (ब) 1951 ई.
(स) 1952 ई. (द) 1956 ई.

266. 'बाले तेरे बाल जाल में कैसे उलझा दूँ लोचन, छोड़ अभी से इस जग को।' ये किसकी पंक्तियाँ हैं ?
(अ) जयशंकर प्रसाद (ब) रामकुमार वर्मा
(स) सुमित्रानंदन पंत (द) हरिवंशराय बच्चन

267. 'कनुप्रिया' किसकी रचना है ?
(अ) धर्मवीर भारती (ब) गिरिजा कुमार माथुर

उत्तर के लिए कृपया पृष्ठ सं. 150 देखें।

(स) दुष्यंत (द) जगदीश गुप्त

268. इन रचनाकारों में से मूलतः गीतकार कौन है ?

(अ) सुमित्रानंदन पंत (ब) जयशंकर प्रसाद

(स) जानकीवल्लभ शास्त्री (द) निराला

269. कविता में सामाजिक यथार्थवाद के नाम पर कौन सा आंदोलन चलाया गया ?

(अ) नकेनवाद (ब) प्रगतिवाद

(स) मार्क्सवाद (द) प्रयोगवाद

270. नलिनविलोचन शर्मा तथा केसरी कुमार किस वाद से संबद्ध हैं ?

(अ) नकेनवाद (ब) प्रयोगवाद

(स) प्रगतिवाद (द) छायावाद

271. नागार्जुन का वास्तविक नाम क्या है ?

(अ) वैद्यनाथ मिश्र (ब) बैजू मिश्र

(स) बलदेव प्रसाद मिश्र (द) नामदेव मिश्र

272. किस दौर की कविता ने 'अंबर' के स्थान पर 'धरती' की बात पर बल दिया ?

(अ) प्रगतिवाद (ब) नई कविता

(स) प्रयोगवाद (द) अकविता

273. भवानी प्रसाद मिश्र की रचनाएँ अज्ञेय द्वारा संपादित किस 'सप्तक' में संकलित हैं ?

(अ) तारसप्तक (ब) दूसरा सप्तक

(स) तीसरा सप्तक (द) चौथा सप्तक

274. 'नई कविता' नामकरण का श्रेय किसे दिया जाता है ?

(अ) अज्ञेय (ब) जगदीश गुप्त

(स) रामस्वरूप चतुर्वेदी (द) निराला

275. सन् 1965 में किस कवि के संपादन में प्रकाशित 'प्रारंभ' कविता संकलन से अकविता का दौर शुरू हुआ ?

(अ) जगदीश गुप्त (ब) अज्ञेय

उत्तर के लिए कृपया पृष्ठ सं. 150 देखें।

(स) जगदीश चतुर्वेदी (द) राजकमल चौधरी

276. मुक्तिबोध की चर्चित लंबी कविता का क्या नाम है?

(अ) आत्मजयी (ब) अँधेरे में

(स) संशय की एक रात (द) लोकायतन

277. 'नई कविता' पत्रिका कहाँ से प्रकाशित हुई थी?

(अ) मुंबई (ब) दिल्ली

(स) बनारस (द) इलाहाबाद

278. 'यह दीप अकेला' कविता के रचयिता कौन हैं?

(अ) अज्ञेय (ब) केदारनाथ अग्रवाल

(स) शंभुनाथ सिंह (द) रघुवीर सहाय

279. सुमित्रानंदन पंत ने अपनी किस कृति की भूमिका में भाषा, अलंकार, छंद, शब्द और भाव के सामरस्य पर विचार व्यक्त किए?

(अ) युगवाणी (ब) पल्लव

(स) ग्राम्या (द) स्वर्णधूलि

280. 'चाँद का मुँह टेढ़ा है' काव्य संग्रह किसका है?

(अ) कुँवर नारायण (ब) मुक्तिबोध

(स) रघुवीर सहाय (द) सर्वेश्वर दयाल सक्सेना

281. 'दु:ख सबको माँजता है' किस कवि का कथन है?

(अ) अज्ञेय (ब) जयशंकर प्रसाद

(स) रामधारी सिंह 'दिनकर' (द) महादेवी वर्मा

282. 'हल्दीघाटी' किसकी रचना है?

(अ) माखनलाल चतुर्वेदी (ब) सुभद्राकुमारी चौहान

(स) श्यामनारायण पांडेय (द) सोहनलाल द्विवेदी

283. 'लोकायतन' किस विधा की कृति है?

(अ) प्रबंध काव्य (ब) मुक्तक काव्य

(स) नीति काव्य (द) गीति नाट्य

284. 'मैं मरूँगा सुखी, मैंने जीवन की धज्जियाँ उड़ाई हैं' पंक्तियाँ किस कवि की हैं?

उत्तर के लिए कृपया पृष्ठ सं. 150 देखें।

(अ) केदारनाथ अग्रवाल (ब) सर्वेश्वर दयाल सक्सेना
(स) अज्ञेय (द) दुष्यंत

285. अज्ञेय द्वारा संपादित 'तारसप्तक' शृंखला में कितने सप्तक प्रकाशित हुए?
(अ) पाँच (ब) चार
(स) तीन (द) दो

286. 'राहों के अन्वेषण' की बात किसमें की गई है?
(अ) तारसप्तक (ब) नई कविता पत्रिका
(स) नए पन्ने (द) दूसरा सप्तक

287. 'हम दीवानों की क्या हस्ती है, आज यहाँ कल वहाँ चलें।' ये किसकी पंक्तियाँ हैं?
(अ) रामेश्वर शुक्ल 'अंचल' (ब) नरेंद्र शर्मा
(स) बालकृष्ण शर्मा 'नवीन' (द) भगवतीचरण वर्मा

288. 'ताप के तापे हुए दिन' किसकी रचना है?
(अ) शमशेर बहादुर सिंह (ब) नागार्जुन
(स) त्रिलोचन (द) रघुवीर सहाय

289. शकुंतला माथुर किस सप्तक में सम्मिलित थीं?
(अ) तारसप्तक (ब) दूसरा सप्तक
(स) तीसरा सप्तक (द) चौथा सप्तक

290. किस कवि को 'एक भारतीय आत्मा' कहा गया?
(अ) माखनलाल चतुर्वेदी (ब) मैथिलीशरण गुप्त
(स) निराला (द) रामनरेश त्रिपाठी

291. मुक्त छंद की प्रथम कविता किस कवि ने रची?
(अ) अज्ञेय (ब) निराला
(स) पंत (द) महादेवी वर्मा

292. आधुनिक हिंदी कविता में किस कविता को 'बैठे ठाले का धंधा' कहा गया?
(अ) नई कविता (ब) हालावाद

उत्तर के लिए कृपया पृष्ठ सं. 150 देखें।

(स) प्रयोगवाद (द) छायावाद

293. 'समरस थे जड़ या चेतन, सुंदर साकार बना था।
चेतनता एक बिलसती आनंद अखंड घना था॥'
ये पंक्तियाँ जयशंकर प्रसाद की किस काव्य कृति की हैं?
(अ) लहर (ब) झरना
(स) कामायनी (द) आँसू

294. 'नई कविता के प्रतिमान' पुस्तक का लेखक कौन है?
(अ) नामवर सिंह (ब) लक्ष्मीकांत वर्मा
(स) जगदीश गुप्त (द) अज्ञेय

295. सूर्यकांत त्रिपाठी 'निराला' की बहुचर्चित व्यंग्य-प्रधान कविता कौन सी है?
(अ) कुकुरमुत्ता (ब) परिमल
(स) अनामिका (द) अर्चना

296. शिवमंगल सिंह 'सुमन' किस युग के कवि हैं?
(अ) छायावाद (ब) प्रगतिवाद
(स) प्रयोगवाद (द) द्विवेदीकाल

297. 'हिमतरंगिनी' किसकी रचना है?
(अ) सुमित्रानंदन पंत (ब) माखनलाल चतुर्वेदी
(स) रामनरेश त्रिपाठी (द) बालकृष्ण शर्मा 'नवीन'

298. 'हालावाद' का प्रवर्तक कौन है?
(अ) रामेश्वर शुक्ल 'अंचल' (ब) हरिवंशराय बच्चन
(स) नरेंद्र शर्मा (द) हरिकृष्ण प्रेमी

299. कविता के क्षेत्र में 'आधुनिक मीरा' किसे कहा गया?
(अ) कीर्ति चौधरी (ब) शकुंतला माथुर
(स) महादेवी वर्मा (द) स्नेहमयी चौधरी

□

उत्तर के लिए कृपया पृष्ठ सं. 150 देखें।

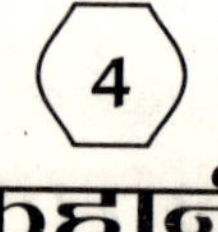

कहानी

300. निम्नलिखित कहानियों में से हिंदी की पहली कहानी की चर्चा में किस कहानी की गणना नहीं की जाती?

(अ) इंदुमती (ब) ग्यारह वर्ष का समय
(स) रानी केतकी की कहानी (द) कानों में कँगना

301. आचार्य रामचंद्र शुक्ल की कहानी 'ग्यारह वर्ष का समय' पहले किस पत्रिका में प्रकाशित हुई थी?

(अ) चाँद (ब) सरस्वती
(स) माधुरी (द) कविवचनसुधा

302. आधुनिक हिंदी की प्रथम मौलिक कहानी लेखिका किसे माना जाता है?

(अ) बंग महिला (ब) उषादेवी मित्रा
(स) होमवती देवी (द) तारा पांडेय

303. हिंदी कहानी में यथार्थवादी परंपरा की नींव किसने डाली?

(अ) यशपाल (ब) जैनेंद्र कुमार
(स) प्रेमचंद (द) भीष्म साहनी

304. 'ताई' कहानी का लेखक कौन है?

(अ) सुदर्शन (ब) आचार्य चतुरसेन
(स) विश्वंभरनाथ शर्मा 'कौशिक' (द) विनोदशंकर व्यास

उत्तर के लिए कृपया पृष्ठ सं. 150 देखें।

305. 'मानसरोवर' नामक पुस्तक के विभिन्न खंडों में किस साहित्यकार की कहानियाँ संकलित हैं?

(अ) जयशंकर प्रसाद (ब) प्रेमचंद

(स) भगवतीचरण वर्मा (द) पांडेय बेचन शर्मा 'उग्र'

306. इन कथा लेखिकाओं में हिंदी की कथा लेखिका कौन है?

(अ) आशापूर्णा देवी (ब) होमवती देवी

(स) महाश्वेता देवी (द) कमला दास

307. माधवराव सप्रे की किस कहानी की चर्चा हिंदी की पहली कहानी के संदर्भ में की जाती है?

(अ) टोकरी भर मिट्टी (ब) एक पथिक का स्वप्न

(स) आजम (द) सम्मान किसे कहते हैं?

308. निम्नलिखित पंक्तियाँ जयशंकर प्रसाद की किस कहानी की प्रारंभिक पंक्तियाँ हैं—

'बंदी!'

'क्या है? सोने दो।'

'मुक्त होना चाहते हो?'

'अभी नहीं, निद्रा खुलने पर। चुप रहो।'

(अ) पुरस्कार (ब) आँधी

(स) इंद्रजाल (द) आकाशदीप

309. इन कहानियों में प्रेमचंद की कहानी कौन सी है?

(अ) पत्नी (ब) सुखमय जीवन

(स) ठाकुर का कुआँ (द) खेल

310. चंद्रधर शर्मा 'गुलेरी' ने कुल कितनी कहानियाँ लिखीं?

(अ) तीन (ब) चार

(स) दस (द) एक

311. हिंदी कहानी का प्रारंभिक रूप किसमें मिलता है?

(अ) चौरासी वैष्णवन की वार्त्ता (ब) सरस्वती

(स) वामा मनोरंजन (द) कथा कुसुम कलिका

उत्तर के लिए कृपया पृष्ठ सं. 150 देखें।

312. किस पत्रिका ने हिंदी कहानी के प्रचार–प्रसार में महत्त्वपूर्ण भूमिका निभाई ?

(अ) सरस्वती (ब) चाँद

(स) माधुरी (द) प्रभा

313. चंद्रधर शर्मा 'गुलेरी' की किस कहानी को कहानी कला की दृष्टि से 'मील का पत्थर' माना गया है ?

(अ) उसने कहा था (ब) सुखमय जीवन

(स) बुद्धू का काँटा (द) इनमें से किसी को नहीं

314. प्रेमचंद की कहानियों का संग्रह 'मानसरोवर' कितने भागों में प्रकाशित है ?

(अ) चार (ब) दो

(स) आठ (द) तीन

315. जयशंकर प्रसाद की पहली कहानी कौन सी है ?

(अ) गुंडा (ब) पुरस्कार

(स) ममता (द) ग्राम

316. 'रानी केतकी की कहानी' का लेखक कौन है ?

(अ) किशोरीलाल गोस्वामी (ब) इंशा अल्लाह खाँ

(स) राधिकारमण प्रसाद सिंह (द) भारतेंदु हरिश्चंद्र

317. 'दुलाईवाली' कहानी किस लेखिका की लिखी हुई है ?

(अ) बंग महिला (ब) शिवरानी देवी

(स) उषादेवी मित्रा (द) तारा पांडेय

318. 'राजा निरबंसिया' कहानी का लेखक कौन है ?

(अ) मोहन राकेश (ब) कमलेश्वर

(स) यशपाल (द) फणीश्वरनाथ 'रेणु'

319. प्रेमचंद का वास्तविक नाम क्या था ?

(अ) अमृत राय (ब) धनपत राय

(स) श्रीपत राय (द) ललित राय

320. 'बंग महिला' का वास्तविक नाम क्या था ?

उत्तर के लिए कृपया पृष्ठ सं. 150 व 151 देखें।

(अ) राजेंद्रबाला घोष (ब) रजनीबाला घोष
(स) रजनीकांता घोष (द) रामप्यारी घोष

321. 'हिंदी कहानी : संदर्भ और प्रकृति' पुस्तक का लेखक कौन है ?
(अ) इंद्रनाथ मदान (ब) अज्ञेय
(स) देवीशंकर अवस्थी (द) राजेंद्र यादव

322. प्रथम विश्वयुद्ध पर आधारित कहानी कौन सी है ?
(अ) सिक्का बदल गया (ब) मलबे का मालिक
(स) मुगलों ने सल्तनत बख्श दी (द) उसने कहा था

323. प्रेमचंद का जन्म कहाँ हुआ था ?
(अ) लमही (ब) इलाहाबाद
(स) लखनऊ (द) बस्ती

324. प्रसिद्ध कहानी 'कफन' का लेखक कौन है ?
(अ) प्रेमचंद (ब) यशपाल
(स) श्रीलाल शुक्ल (द) भीष्म साहनी

325. 'हिंदी कहानी : एक अंतरंग परिचय' पुस्तक का लेखक कौन है ?
(अ) रामविलास शर्मा (ब) नगेंद्र
(स) नामवर सिंह (द) उपेंद्रनाथ 'अश्क'

326. 'पाजेब' कहानी का लेखक कौन है ?
(अ) जैनेंद्र कुमार (ब) अज्ञेय
(स) इलाचंद्र जोशी (द) सुदर्शन

327. ऐतिहासिक पृष्ठभूमि पर किस रचनाकार ने कहानियाँ लिखीं ?
(अ) जैनेंद्र कुमार (ब) जयशंकर प्रसाद
(स) राधिकारमण प्रसाद सिंह (द) प्रेमचंद

328. 'सुकुल की बीवी' तथा 'चतुरी चमार' कहानी-संग्रह किसके हैं ?
(अ) निराला (ब) उपेंद्रनाथ 'अश्क'
(स) नागार्जुन (द) भगवतीचरण वर्मा

329. 'यारों के यार' कहानी-संग्रह किसका है ?
(अ) यशपाल (ब) राजेंद्र यादव

उत्तर के लिए कृपया पृष्ठ सं. 151 देखें।

(स) रवींद्र कालिया (द) कृष्णा सोबती

330. इन कहानियों में से कौन सी कहानी 'नई कहानी' आंदोलन की उपज नहीं है ?

(अ) बादलों के घेरे (ब) राग-विराग

(स) रसप्रिया (द) पंच परमेश्वर

331. किस काल की कहानियाँ मध्यकालीन प्रेमकथाओं, लोककथाओं तथा स्वप्नकथाओं पर आधारित थीं ?

(अ) प्रेमचंदयुगीन (ब) प्रेमचंदोत्तर

(स) प्रेमचंदपूर्व (द) नवलेखनकाल

332. राजा शिवप्रसाद 'सितारे हिंद' कृत कहानियाँ 'वामा मनोरंजन' में कब प्रकाशित हुईं ?

(अ) 1886 ई. (ब) 1888 ई.

(स) 1880 ई. (द) 1850 ई.

333. 'मन की चंचलता' कहानी किस लेखक की है ?

(अ) जयशंकर प्रसाद (ब) माधव प्रसाद मिश्र

(स) वृंदावनलाल वर्मा (द) राधिकारमण प्रसाद सिंह

334. काशी से प्रकाशित किस मासिक पत्रिका में जयशंकर प्रसाद की कहानियाँ नियमित रूप से प्रकाशित होती थीं ?

(अ) चाँद (ब) माधुरी

(स) हिंदी गल्पमाला (द) कर्मवीर

335. 'दो बाँके' कहानी किसकी है ?

(अ) विष्णु प्रभाकर (ब) कमलेश्वर

(स) भगवतीचरण वर्मा (द) कृष्णा सोबती

336. किस कहानीकार ने कहानी को 'गमले में लगा फूल का पौधा' बताया ?

(अ) चंद्रधर शर्मा 'गुलेरी' (ब) जयशंकर प्रसाद

(स) किशोरीलाल गोस्वामी (द) प्रेमचंद

337. 1909 ई. में वृंदावनलाल वर्मा ने कौन सी कहानी लिखकर ऐतिहासिक

उत्तर के लिए कृपया पृष्ठ सं. 151 देखें।

कहानियों की परंपरा को जन्म दिया?

(अ) राखीबंद भाई (ब) शरणागत

(स) कलाकार का दंड (द) हृदय की हिलोर

338. 'बिखरे मोती' और 'उन्मादिनी' में किस कथा लेखिका की कहानियाँ संगृहीत हैं?

(अ) शिवरानी देवी (ब) उषादेवी मित्रा

(स) सुभद्राकुमारी चौहान (द) होमवती देवी

339. प्रेमचंद की कहानियों के तीन दौर में कौन सा दौर सम्मिलित नहीं है?

(अ) आदर्शवाद (ब) आदर्शोन्मुख यथार्थवाद

(स) यथार्थवाद (द) व्यक्तिवाद

340. 'लहना सिंह', 'सूबेदारनी' तथा 'वजीरा सिंह' किस विख्यात कहानी के पात्र हैं?

(अ) उसने कहा था (ब) तुमने क्यों कहा कि मैं सुंदर हूँ

(स) पठार का धीरज (द) खंडहर की आत्माएँ

341. जयशंकर प्रसाद की कहानी 'ग्राम' पहले किस पत्रिका में प्रकाशित हुई?

(अ) सरस्वती (ब) इंदु

(स) प्रभा (द) सुदर्शन

342. कहानी-संग्रह 'इंद्रजाल' किस लेखक का है?

(अ) प्रेमचंद (ब) जयशंकर प्रसाद

(स) चतुरसेन शास्त्री (द) रायकृष्ण दास

343. 'अपना-अपना भाग्य' कहानी का लेखक कौन है?

(अ) विष्णु प्रभाकर (ब) शेखर जोशी

(स) जैनेंद्र कुमार (द) भगवतीचरण वर्मा

344. "ए लड़की' कहानी किस लेखक की है?

(अ) राजेंद्र यादव (ब) कृष्णा सोबती

(स) राजी सेठ (द) मृदुला गर्ग

उत्तर के लिए कृपया पृष्ठ सं. 151 देखें।

345. 'लाल पान की बेगम' तथा 'तीसरी कहानी' कहानियों का लेखक कौन है ?

(अ) फणीश्वरनाथ 'रेणु' (ब) मार्कंडेय
(स) नागार्जुन (द) शिवप्रसाद सिंह

346. 'फेंस के इधर-उधर' कहानी-संग्रह किसका है ?

(अ) दूधनाथ सिंह (ब) ज्ञानरंजन
(स) भीष्म साहनी (द) मार्कंडेय

347. 'हिंदी कहानी : पहचान और परख' पुस्तक का लेखक कौन है ?

(अ) भैरव प्रसाद गुप्त (ब) इंदुनाथ मदान
(स) कमलेश्वर (द) गोविंद मिश्र

348. प्रेमचंद ने लगभग कितनी कहानियाँ लिखीं ?

(अ) 100 से अधिक (ब) 500 से अधिक
(स) 300 से अधिक (द) 1000 से अधिक

349. आजादी के बाद हिंदी कहानी का पहला पड़ाव किस आंदोलन के रूप में आया ?

(अ) अकहानी (ब) नई कहानी
(स) सजग कहानी (द) सचेतन कहानी

350. 'डिप्टी कलक्टरी' कहानी का लेखक कौन है ?

(अ) अमरकांत (ब) अमृत राय
(स) कमलेश्वर (द) भैरव प्रसाद गुप्त

351. देश के बँटवारे की त्रासदी पर आधारित कहानी कौन सी है ?

(अ) सिक्का बदल गया (ब) कफन
(स) चीफ की दावत (द) वापसी

352. प्रगतिवादी विचारधारा का प्रतिनिधि कहानीकार कौन है ?

(अ) भैरव प्रसाद गुप्त (ब) यशपाल
(स) मार्कंडेय (द) फणीश्वरनाथ 'रेणु'

353. 'कोठरी की बात' कहानी किसकी है ?

(अ) इलाचंद्र जोशी (ब) अज्ञेय

उत्तर के लिए कृपया पृष्ठ सं. 151 देखें।

(स) विष्णु प्रभाकर (द) अमृत राय

354. 'कहानी-नई कहानी' पुस्तक का लेखक कौन है?
(अ) नामवर सिंह (ब) नंददुलारे वाजपेयी
(स) धनंजय (द) अमृत राय

355. 'गुल की बन्नो' कहानी का लेखक कौन है?
(अ) धर्मवीर भारती (ब) उपेंद्रनाथ 'अश्क'
(स) श्रीलाल शुक्ल (द) महाश्वेता देवी

356. आम आदमी को केंद्र बनाकर किस आंदोलन का संचालन 'सारिका' के संपादक कमलेश्वर ने किया?
(अ) सक्रिय कहानी (ब) अकहानी
(स) समांतर कहानी (द) नई कहानी

357. 'वापसी' कहानी किसके द्वारा लिखी गई?
(अ) मन्नू भंडारी (ब) भीष्म साहनी
(स) गिरिराज किशोर (द) उषा प्रियंवदा

358. 'नई कहानी' आंदोलन के दौर में उपेंद्रनाथ 'अश्क' द्वारा संपादित किस संकलन में दस नए कथाकारों की चुनी हुई कहानियाँ संकलित हैं?
(अ) संकेत (ब) कहानी
(स) नई कहानी (द) कथा

359. कहानीकार अमृत राय किस प्रसिद्ध कथाकार के सुपुत्र थे?
(अ) श्रीपत राय (ब) प्रेमचंद
(स) चंद्रधर शर्मा 'गुलेरी' (द) जयशंकर प्रसाद

360. 'परिंदे' कहानी का लेखक कौन है?
(अ) विष्णु प्रभाकर (ब) मार्कंडेय
(स) निर्मल वर्मा (द) कमलेश्वर

361. 'अकहानी आंदोलन' में इनमें से कौन सा कहानीकार सम्मिलित नहीं था?
(अ) निर्मल वर्मा (ब) दूधनाथ सिंह

उत्तर के लिए कृपया पृष्ठ सं. 151 देखें।

(स) रवींद्र कालिया (द) रमेश बक्षी

362. 'नई कहानी' की शुरुआत लगभग कब से मानी जाती है?

(अ) 1941 ई. (ब) 1942 ई.

(स) 1950 ई. (द) 1960 ई.

363. किस कहानीकार की कहानियाँ 'गहन मनोवैज्ञानिक पकड़' के लिए विख्यात हैं?

(अ) इलाचंद्र जोशी (ब) निर्मल वर्मा

(स) मन्नू भंडारी (द) प्रेमचंद

364. 'धरती अब भी घूम रही है' कहानी का लेखक कौन है?

(अ) पांडेय बेचन शर्मा 'उग्र' (ब) भगवतीचरण वर्मा

(स) अज्ञेय (द) विष्णु प्रभाकर

365. 'तीन निगाहों की एक तसवीर' कहानी संग्रह किसका है?

(अ) मन्नू भंडारी (ब) कृष्णा सोबती

(स) उषा प्रियंवदा (द) शिवानी

366. 'डाची' कहानी का लेखक कौन है?

(अ) हरिशंकर परसाई (ब) जयशंकर प्रसाद

(स) उपेंद्रनाथ 'अश्क' (द) रांगेय राघव

367. 'नई कहानी की भूमिका' पुस्तक का लेखक कौन है?

(अ) रामदरश मिश्र (ब) कमलेश्वर

(स) देवीशंकर अवस्थी (द) इंद्रनाथ मदान

368. 'कहानी' पत्रिका का प्रकाशन कब शुरू हुआ?

(अ) 1955 ई. (ब) 1950 ई.

(स) 1956 ई. (द) 1957 ई.

369. 'हंसा जाई अकेला' कहानी-संग्रह किस लेखक का है?

(अ) मोहन राकेश (ब) शेखर जोशी

(स) कमलेश्वर (द) मार्कंडेय

370. 'बंद गली का आखिरी मकान' कहानी किसकी है?

(अ) शैलेश मटियानी (ब) ज्ञान रंजन

उत्तर के लिए कृपया पृष्ठ सं. 151 देखें।

(स) धर्मवीर भारती (द) निर्मल वर्मा

371. निम्नलिखित में से कौन कहानीकार ग्रामांचल का चितेरा नहीं है ?

(अ) शिवप्रसाद सिंह (ब) मार्कंडेय

(स) फणीश्वरनाथ 'रेणु' (द) उपेंद्रनाथ 'अश्क'

372. कौन सा कहानी आंदोलन फ्रांसीसी साहित्य के 'एंटी स्टोरी' का अनुकरण है ?

(अ) सचेतन कहानी (ब) नई कहानी

(स) समांतर कहानी (द) अकहानी

373. 'फूलो का कुरता' कहानी का लेखक कौन है ?

(अ) अमरकांत (ब) निर्मल वर्मा

(स) भुवनेश्वर प्रसाद (द) यशपाल

374. 'लंदन की एंक रात' कहानी का लेखक कौन है ?

(अ) निर्मल वर्मा (ब) मोहन राकेश

(स) ज्ञानरंजन (द) मन्नू भंडारी

375. किस कहानीकार ने अपनी कहानियों में मुख्यत: व्यक्ति के आत्मसंघर्ष का चित्रण किया है ?

(अ) यशपाल (ब) विष्णु प्रभाकर

(स) अमृत राय (द) अज्ञेय

376. मन्नू भंडारी की किस कहानी में नौकरी करती, परिवार के लिए मरती-खपती लड़की के टूट जाने का दर्द उकेरा गया है ?

(अ) ए खाने आकाश नाई (ब) अकेली

(स) यही सच है (द) ऊँचाई

377. दंगों में मची मार-काट, आगजनी, लूटपाट के परिणामस्वरूप फैली दहशत और आतंक का चित्रण भीष्म साहनी की किस कहानी में हुआ है ?

(अ) त्रास (ब) अमृतसर आ गया है

(स) पटरियाँ (द) चीफ की दावत

378. इन कहानियों में पांडेय बेचन शर्मा 'उग्र' की कहानी कौन सी है ?

उत्तर के लिए कृपया पृष्ठ सं. 151 देखें।

(अ) मछुआ (ब) मोटेरामजी शास्त्री
(स) ऐसी होली खेलो लाल (द) दो बाँके

379. 'प्लेग की चुड़ैल' कहानी किसकी है ?
(अ) रामचंद्र शुक्ल (ब) भगवान दीन
(स) सुदर्शन (द) विश्वंभरनाथ शर्मा 'कौशिक'

380. इनमें से महेंद्र भल्ला की कहानी कौन सी है ?
(अ) एक पति के नोट्स (ब) घंटा
(स) गीत का चुंबन (द) बदबू

381. 'पेपरवेट' तथा 'फ्राकवाला घोड़ा' कहानियाँ किस लेखक की हैं ?
(अ) गिरिराज किशोर (ब) मंजुल भगत
(स) मृदुला सिन्हा (द) चित्रा मुद्गल

382. 'शतरंज के खिलाड़ी' कहानी का लेखक कौन है ?
(अ) जयशंकर प्रसाद (ब) प्रेमचंद
(स) यशपाल (द) भीष्म साहनी

383. 'समकालीन कहानी : दशा और दृष्टि' पुस्तक का लेखक कौन है ?
(अ) धनंजय (ब) उपेंद्रनाथ 'अश्क'
(स) मार्कंडेय (द) रामस्वरूप चतुर्वेदी

384. राजा शिवप्रसाद 'सितारे हिंद' की कहानी इनमें से कौन सी है ?
(अ) एक अद्भुत अपूर्व स्वप्न (ब) राजा भोज का सपना
(स) भिक्षुराज (द) सालवती

385. 'दुखवा मैं कासों कहूँ मोरी सजनी' कहानी किसने लिखी ?
(अ) भगवती प्रसाद वाजपेयी (ब) विष्णु प्रभाकर
(स) चतुरसेन शास्त्री (द) शिवप्रसाद सिंह

386. इन कहानी लेखिकाओं में प्रेमचंदपूर्व लेखिका कौन हैं ?
(अ) बंग महिला (ब) मृदुला गर्ग
(स) मृदुला सिन्हा (द) मंजुल भगत

387. 'जॉर्ज पंचम की नाक' कहानी का लेखक कौन है ?
(अ) कमल जोशी (ब) कमलेश्वर

उत्तर के लिए कृपया पृष्ठ सं. 151 व 152 देखें।

(स) काशीनाथ सिंह (द) रामदरश मिश्र

388. 'जिंदगी और जोंक' कहानी का लेखक कौन है?

(अ) शेखर जोशी (ब) भैरव प्रसाद गुप्त

(स) अमरकांत (द) मार्कंडेय

389. 'विपथगा' कहानी किस लेखक की है?

(अ) अज्ञेय (ब) जैनेंद्र कुमार

(स) इलाचंद्र जोशी (द) उपेंद्रनाथ 'अश्क'

390. 'बीच बहस में' तथा 'पोस्टकार्ड' कहानियों के लेखक कौन हैं?

(अ) निर्मल वर्मा (ब) मोहन राकेश

(स) जैनेंद्र कुमार (द) मुक्तिबोध

391. 'हार की जीत' कहानी किसकी है?

(अ) प्रेमचंद (ब) जयशंकर प्रसाद

(स) विष्णु प्रभाकर (द) सुदर्शन

392. आचार्य भामह ने 'कथा' का सूक्ष्म विवेचन करके कहानी के लिए क्या नाम दिया?

(अ) बोधकथा (ब) कथानिका

(स) रम्य रचना (द) आख्यायिका

393. 'सहज कहानी अभियान' किसने छेड़ा?

(अ) भवानी प्रसाद मिश्र (ब) अमृत राय

(स) कमलेश्वर (द) जयशंकर प्रसाद

394. इनमें से कौन सा कहानीकार 'समांतर कहानी' का प्रमुख प्रवक्ता नहीं था?

(अ) कमलेश्वर (ब) कामतानाथ

(स) मधुकर सिंह (द) भीष्म साहनी

395. 'कथा' के विभिन्न नामों में किसकी गणना नहीं की जाती?

(अ) आख्यायिका (ब) कथानिका

(स) वृत्तांत (द) कथ्य

396. प्रेमचंद की परंपरा को आगे बढ़ानेवाले कहानीकारों में इनमें से कौन

उत्तर के लिए कृपया पृष्ठ सं. 152 देखें।

सा नाम सम्मिलित नहीं किया जाता ?

(अ) भीष्म साहनी (ब) अमरकांत

(स) शैलेश मटियानी (द) अज्ञेय

397. 'नई कहानी' के बाद के समग्र आंदोलनों को कौन सा एक नाम दिया जा सकता है ?

(अ) नूतन कहानी (ब) समकालीन कहानी

(स) यथार्थवादी कहानी (द) बीसवीं शताब्दी की कहानी

398. 'नमक का दारोगा' कहानी का लेखक कौन है ?

(अ) कृष्णा सोबती (ब) प्रेमचंद

(स) विष्णु प्रभाकर (द) शरच्चंद्र चट्टोपाध्याय

399. इनमें से चतुरसेन शास्त्री की कहानी कौन सी है ?

(अ) शरणदाता (ब) ताई

(स) सालवती (द) अंबपालिका

□

उत्तर के लिए कृपया पृष्ठ सं. 152 देखें।

5

उपन्यास

400. हिंदी का पहला उपन्यास कौन सा है ?

(अ) परीक्षा गुरु (ब) नूतन ब्रह्मचारी

(स) रहस्य कथा (द) त्रिवेणी

401. 'परीक्षा गुरु' से पूर्व प्रकाशित उपन्यास कौन सा है ?

(अ) निस्सहाय हिंदू (ब) भाग्यवती

(स) धूर्त रसिकलाल (द) कुसुम लता

402. देवकीनंदन खत्री का उपन्यास 'चंद्रकांता' किस श्रेणी का है ?

(अ) सामाजिक (ब) तिलिस्मी

(स) जासूसी (द) रोमानी

403. 'भाग्यवती' उपन्यास किसकी कृति है ?

(अ) बालकृष्ण भट्ट (ब) शिवप्रसाद 'सितारे हिंद'

(स) श्रद्धाराम फिल्लौरी (द) भारतेंदु हरिश्चंद्र

404. 'श्यामा स्वप्न' उपन्यास के लेखक कौन हैं ?

(अ) लज्जाराम शर्मा (ब) जगमोहन सिंह

(स) राधिकारमण प्रसाद सिंह (द) ब्रजनंदन सहाय

405. 'परीक्षा गुरु' उपन्यास के लेखक कौन हैं ?

(अ) राधाकृष्ण दास (ब) किशोरीलाल गोस्वामी

(स) बालकृष्ण भट्ट (द) लाला श्रीनिवास दास

उत्तर के लिए कृपया पृष्ठ सं. 152 देखें।

406. 'नूतन ब्रह्मचारी' किसका उपन्यास है ?

(अ) बालकृष्ण भट्ट (ब) गोपालराम गहमरी

(स) देवकीनंदन खत्री (द) लज्जाराम शर्मा

407. 'निस्सहाय हिंदू' उपन्यास का लेखक कौन है ?

(अ) श्रद्धाराम फिल्लौरी (ब) राधाकृष्ण दास

(स) किशोरीलाल गोस्वामी (द) जगमोहन सिंह

408. गोपालराम गहमरी का उपन्यास 'अद्भुत लाश' किस तरह का है ?

(अ) तिलिस्मी (ब) जासूसी

(स) रोमानी (द) सामाजिक

409. 'अधखिला फूल' किस प्रकार का उपन्यास है ?

(अ) तिलिस्मी (ब) जासूसी

(स) सामाजिक (द) ऐतिहासिक

410. 'माधवी माधव का मदनमोहिनी' उपन्यास का लेखक कौन है ?

(अ) किशोरीलाल गोस्वामी (ब) अयोध्यासिंह उपाध्याय 'हरिऔध'

(स) ब्रजनंदन सहाय (द) मन्नन द्विवेदी

411. 'ठेठ हिंदी का ठाठ' उपन्यास का लेखक कौन है ?

(अ) महावीर प्रसाद द्विवेदी (ब) बालकृष्ण भट्ट

(स) मैथिलीशरण गुप्त (द) अयोध्यासिंह उपाध्याय 'हरिऔध'

412. 'बाणभट्ट की आत्मकथा' उपन्यास का लेखक कौन है ?

(अ) बालकृष्ण भट्ट (ब) रामचंद्र शुक्ल

(स) अयोध्यासिंह उपाध्याय 'हरिऔध'

(द) हजारी प्रसाद द्विवेदी

413. 'कुसुम कुमारी' उपन्यास किसने लिखा था ?

(अ) राधाकृष्ण दास (ब) ब्रजनंदन सहाय

(स) देवकीनंदन खत्री (द) किशोरीलाल गोस्वामी

414. इनमें से कौन सा उपन्यास पत्रात्मक-शैली में लिखा गया ?

(अ) चंद हसीनों के खुतूत (ब) परख

(स) चित्रलेखा (द) निर्मला

उत्तर के लिए कृपया पृष्ठ सं. 152 देखें।

415. शुरू में किस उपन्यास का पठन-सुख लेने के लिए लोगों ने हिंदी पढ़नी सीखी ?

(अ) अनूठी बेगम (ब) गुप्त गोदना

(स) चंद्रकांता संतति (द) पुतली महल

416. भारत के विभाजन की त्रासदी का वर्णन करनेवाला उपन्यास इनमें से कौन सा है ?

(अ) तमस (ब) शेखर : एक जीवनी

(स) वे दिन (द) दूसरी बार

417. प्रेमचंद के किस उपन्यास को ग्रामीण जीवन और कृषक संस्कृति का महाकाव्य कहा गया है ?

(अ) प्रेमाश्रम (ब) गोदान

(स) रंगभूमि (द) कर्मभूमि

418. 'बाँधो न नाव इस ठाँव' उपन्यास का लेखक कौन है ?

(अ) उपेंद्रनाथ 'अश्क' (ब) भगवतीचरण वर्मा

(स) पांडेय बेचन शर्मा 'उग्र' (द) निराला

419. इनमें से कौन सा उपन्यास नरेश मेहता द्वारा लिखा गया है ?

(अ) यह पथ बंधु था (ब) झीनी-झीनी बीनी चदरिया

(स) सबहिं नचावत राम गुसाईं (द) जोगी

420. 'सौ अजान एक सुजान' किसका उपन्यास है ?

(अ) श्रद्धाराम फिल्लौरी (ब) लाला श्रीनिवास दास

(स) बालकृष्ण भट्ट (द) किशोरीलाल गोस्वामी

421. किस उपन्यास में व्यक्ति के मन की शंकाओं, उलझनों और गुत्थियों का चित्रण है ?

(अ) गोद (ब) परख

(स) माँ (द) कुसुमलता

422. जासूसी उपन्यासों का प्रवर्तन किसने किया था ?

(अ) देवकीनंदन खत्री (ब) दुर्गा प्रसाद खत्री

(स) गोपालराम गहमरी (द) किशोरीलाल गोस्वामी

उत्तर के लिए कृपया पृष्ठ सं. 152 देखें।

423. देवकीनंदन खत्री का 'चंद्रकांता संतति' उपन्यास कितने भागों में प्रकाशित हुआ?

(अ) बारह (ब) दो

(स) चौबीस (द) आठ

424. प्रेमचंद का प्रथम उपन्यास कौन सा है?

(अ) सेवासदन (ब) प्रेमा

(स) कर्मभूमि (द) निर्मला

425. 'देहाती दुनिया' कैसा उपन्यास है?

(अ) ऐतिहासिक (ब) सामाजिक

(स) आंचलिक (द) पौराणिक

426. भगवतीचरण वर्मा के किस उपन्यास ने उन्हें हिंदी उपन्यास साहित्य में ऊँचा दरजा दिलाया?

(अ) चित्रलेखा (ब) पतन

(स) रेखा (द) तीन वर्ष

427. पांडेय बेचन शर्मा 'उग्र' के किस बहुचर्चित उपन्यास को बनारसीदास चतुर्वेदी ने 'घासलेटी साहित्य' कहा था?

(अ) घंटा (ब) फागुन के दिन चार

(स) दिल्ली का दलाल (द) चाकलेट

428. इनमें से किस उपन्यास में 'दहेज प्रथा' और 'अनमेल विवाह' के कारण होनेवाले पारिवारिक विघटन का चित्रण है?

(अ) अंतिम आकांक्षा (ब) प्रेमाश्रम

(स) तितली (द) निर्मला

429. मनोवैज्ञानिक उपन्यासों की परंपरा में किस रचनाकार की गणना नहीं की जाती?

(अ) जैनेंद्र कुमार (ब) अज्ञेय

(स) इलाचंद्र जोशी (द) अमृत राय

430. 'गोद' और 'अंतिम आकांक्षा' उपन्यासों का लेखक कौन है?

(अ) राधिकारमण प्रसाद सिंह (ब) भगवती प्रसाद वाजपेयी

उत्तर के लिए कृपया पृष्ठ सं. 152 देखें।

(स) सियारामशरण गुप्त (द) रायकृष्ण दास

431. वृंदावनलाल वर्मा के इन उपन्यासों में कौन सा उपन्यास ऐतिहासिक पृष्ठभूमि पर लिखा गया है?

(अ) लगन (ब) प्रत्यागत

(स) गढ़कुंडार (द) कुंडलीचक्र

432. अज्ञेय के उपन्यास 'शेखर : एक जीवनी' का मूल मंतव्य क्या है?

(अ) पुरुषत्व का बखान (ब) अंतर्विरोधों का चित्रण

(स) स्वतंत्रता की खोज (द) प्रेम की पहचान

433. 'जहाज का पंछी' उपन्यास किसने लिखा है?

(अ) अज्ञेय (ब) इलाचंद्र जोशी

(स) जैनेंद्र कुमार (द) उपेंद्रनाथ 'अश्क'

434. 'सत्ती मैया का चौरा' किस दृष्टिकोण से लिखा गया उपन्यास है?

(अ) गांधीवादी (ब) मार्क्सवादी

(स) अस्तित्ववादी (द) व्यक्तिवादी

435. तिलिस्मी उपन्यासों की परंपरा की शुरुआत किसने की?

(अ) किशोरीलाल गोस्वामी (ब) गोपालराम गहमरी

(स) देवकीनंदन खत्री (द) दुर्गा प्रसाद खत्री

436. भगवतीचरण वर्मा के उपन्यास 'चित्रलेखा' की मूल कथा किस पर आधारित है?

(अ) सामाजिक विसंगति (ब) पाप-पुण्य

(स) विवाह (द) अकेलापन

437. 'मैला आँचल' किस प्रकार का उपन्यास है?

(अ) ऐतिहासिक (ब) सामाजिक

(स) आंचलिक (द) राजनीतिक

438. धर्मवीर भारती का 'गुनाहों का देवता' किस कारण लोकप्रिय हुआ?

(अ) भावुकता तथा रूमानियत (ब) आकर्षक शैली

(स) उत्कृष्ट संवाद (द) भाषा

439. 'अलग-अलग वैतरणी' उपन्यास किसने लिखा है?

उत्तर के लिए कृपया पृष्ठ सं. 152 देखें।

(अ) काशीनाथ सिंह (ब) शिवप्रसाद सिंह
(स) फणीश्वरनाथ 'रेणु' (द) मन्मथनाथ गुप्त

440. 'आधा गाँव' उपन्यास किसने लिखा है?
(अ) कृष्णा सोबती (ब) राही मासूम रजा
(स) शानी (द) शिवप्रसाद सिंह

441. इनमें से कौन सा उपन्यास आधुनिकता-बोध का उपन्यास नहीं है?
(अ) अँधेरे बंद कमरे (ब) वे दिन
(स) मछली मरी हुई (द) कश्मीर पतन

442. सूर्यकांत त्रिपाठी 'निराला' द्वारा लिखित उपन्यास इनमें से कौन है?
(अ) अलका (ब) संगम
(स) त्याग-पत्र (द) नारी

443. 'वैशाली की नगरवधू' उपन्यास का लेखक कौन है?
(अ) वृंदावनलाल वर्मा (ब) राहुल सांकृत्यायन
(स) चतुरसेन शास्त्री (द) रांगेय राघव

444. 'रतिनाथ की चाची' उपन्यास किस लेखक का है?
(अ) फणीश्वरनाथ 'रेणु' (ब) नागार्जुन
(स) शिवपूजन सहाय (द) मार्कंडेय

445. भगवतीचरण वर्मा के उपन्यास 'भूले-बिसरे चित्र' के संदर्भ में कहा जानेवाला कौन सा तथ्य ठीक है?
(अ) पाप-पुण्य का प्रवक्ता (ब) विफल प्रेमकथा
(स) वर्तमान जीवन का चित्रकूट (द) व्यथा की कहानी

446. ऐतिहासिक उपन्यासों की परंपरा की शुरुआत करने का श्रेय किसे दिया जाता है?
(अ) वृंदावनलाल वर्मा (ब) पांडेय बेचन शर्मा 'उग्र'
(स) चतुरसेन शास्त्री (द) भगवतीचरण वर्मा

447. 'अनामदास का पोथा' उपन्यास किसका है?
(अ) भगवतीचरण वर्मा (ब) हजारी प्रसाद द्विवेदी
(स) इलाचंद्र जोशी (द) उपेंद्रनाथ 'अश्क'

उत्तर के लिए कृपया पृष्ठ सं. 152 देखें।

448. 'झूठा सच' उपन्यास का लेखक कौन है?

(अ) यशपाल (ब) नागार्जुन

(स) भीष्म साहनी (द) श्रीलाल शुक्ल

449. 'बूँद और समुद्र' उपन्यास किसका है?

(अ) उपेंद्रनाथ 'अश्क' (ब) शिवपूजन सहाय

(स) इलाचंद्र जोशी (द) अमृतलाल नागर

450. श्रीलाल शुक्ल का 'राग दरबारी' किस शैली में लिखा गया उपन्यास है?

(अ) पत्रात्मक शैली (ब) रिपोर्ताज

(स) आत्मकथात्मक (द) डायरी शैली

451. नागार्जुन के उपन्यासों में किस जिले का राजनीतिक-सांस्कृतिक चित्रण उपलब्ध है?

(अ) दरभंगा-पूर्णिया (ब) इलाहाबाद

(स) बलिया (द) गोरखपुर

452. यशपाल का ऐतिहासिक उपन्यास इनमें से कौन सा है?

(अ) दादा कामरेड (ब) देशद्रोही

(स) दिव्या (द) मनुष्य के रूप

453. अमृतलाल नागर का कौन सा उपन्यास तुलसीदास की जीवनी पर आधारित है?

(अ) अमृत और विष (ब) शतरंज के खिलाड़ी

(स) एकदा नैमिषारण्ये (द) मानस का हंस

454. हिंदी उपन्यासों में मध्य वर्ग का प्रसिद्ध चितेरा कौन है?

(अ) यशपाल (ब) उपेंद्रनाथ 'अश्क'

(स) वृंदावनलाल वर्मा (द) शिवपूजन सहाय

455. राष्ट्र विभाजन के फलस्वरूप सिंधु घाटी की भूमि में आए बदलाव को किस उपन्यास में चित्रित किया गया है?

(अ) दिव्या (ब) भुवनविक्रम

(स) मुरदों का टीला (द) मृगनयनी

उत्तर के लिए कृपया पृष्ठ सं. 152 व 153 देखें।

456. 'शहर में घूमता आईना' उपन्यास किस लेखक का है ?
(अ) उपेंद्रनाथ 'अश्क' (ब) अमृतलाल नागर
(स) धर्मवीर भारती (द) मोहन राकेश

457. धर्मवीर भारती का उपन्यास 'सूरज का सातवाँ घोड़ा' किस श्रेणी में रखा जाता है ?
(अ) आंचलिक (ब) प्रयोगशील
(स) ऐतिहासिक (द) मनोवैज्ञानिक

458. अज्ञेय के किस उपन्यास की प्रशंसा 'प्रकाशमान पुच्छल तारा' कहकर की गई ?
(अ) शेखर : एक जीवनी (ब) नदी के द्वीप
(स) अपने-अपने अजनबी (द) बीनू भगत

459. किस उपन्यास में यात्रीशाला में ठहरे हुए यात्रियों की एक रात की जिंदगी का वर्णन है ?
(अ) अँधेरे बंद कमरे में (ब) डाक बँगला
(स) सोया हुआ जल (द) वे दिन

460. 'लाल टीन की छत' उपन्यास किसका है ?
(अ) कमलेश्वर (ब) मोहन राकेश
(स) निर्मल वर्मा (द) श्रीलाल शुक्ल

461. अमृतलाल नागर के किस उपन्यास में लखनऊ के चौक के रूप में हिंदुस्तानी समाज की विभिन्न छवियाँ मौजूद हैं ?
(अ) महाकाल (ब) अमृत और विष
(स) बूँद और समुद्र (द) सुहाग के नूपुर

462. किस उपन्यास को राजेंद्र यादव और मन्नू भंडारी ने मिलकर लिखा है ?
(अ) महाभोज (ब) एक इंच मुसकान
(स) उखड़े हुए लोग (द) प्रेत बोलते हैं

463. 'गली आगे मुड़ती है' उपन्यास किस लेखक का है ?
(अ) काशीनाथ सिंह (ब) दूधनाथ सिंह

उत्तर के लिए कृपया पृष्ठ सं. 153 देखें।

(स) मेहरुन्निसा परवेज (द) शिवप्रसाद सिंह

464. इनमें से कौन सा उपन्यास वर्ग संघर्ष की भावना पर आधारित नहीं है ?

(अ) मशाल (ब) गंगा मैया

(स) नागफनी का देश (द) गुनाहों का देवता

465. किस उपन्यास में मिथिला की विशिष्ट भंगिमा है ?

(अ) बाबा बटेसर नाथ (ब) गोदान

(स) देहाती दुनिया (द) अमिता

466. नट जनजाति का चित्रण करनेवाला उपन्यास कौन सा है ?

(अ) मृगनयनी (ब) कब तक पुकारूँ

(स) सबहिं नचावत राम गुसाईं (द) जंगल के फूल

467. 'आपका बंटी' उपन्यास किसका है ?

(अ) उषा प्रियंवदा (ब) मन्नू भंडारी

(स) कृष्णा सोबती (द) मृदुला गर्ग

468. आचार्य रामचंद्र शुक्ल ने अंग्रेजी ढंग का पहला मौलिक उपन्यास किसे माना है ?

(अ) सौ अजान एक सुजान (ब) नूतन ब्रह्मचारी

(स) परीक्षा गुरु (द) आदर्श हिंदू

469. 'बलचनमा' उपन्यास में किस क्षेत्र का चित्रण है ?

(अ) अवध (ब) बुंदेलखंड

(स) मिथिला (द) छत्तीसगढ़

470. राष्ट्र विभाजन की त्रासदी का चित्रण इनमें से किस उपन्यास में नहीं है ?

(अ) तमस (ब) आधा गाँव

(स) मुरदों का टीला (द) भूले-बिसरे चित्र

471. 'सबहिं नचावत राम गुसाईं' उपन्यास का लेखक कौन है ?

(अ) अमृतलाल नागर (ब) भगवतीचरण वर्मा

(स) वृंदावनलाल वर्मा (द) विष्णु प्रभाकर

उत्तर के लिए कृपया पृष्ठ सं. 153 देखें।

472. मछुआरों के जीवन पर आधारित उपन्यास कौन सा है ?

(अ) सागर, लहरें और मनुष्य (ब) बहती गंगा

(स) वोल्गा से गंगा (द) नदी के द्वीप

473. इनमें से जैनेंद्र कुमार का उपन्यास कौन सा है ?

(अ) मुक्तिबोध (ब) गुनाहों का देवता

(स) चित्रलेखा (द) कंकाल

474. 'अर्द्धनारीश्वर' उपन्यास किसने लिखा है ?

(अ) सियारामशरण गुप्त (ब) विष्णु प्रभाकर

(स) वृंदावनलाल वर्मा (द) उदयशंकर भट्ट

475. 'मुझे चाँद चाहिए' उपन्यास का लेखक कौन है ?

(अ) शिवप्रसाद सिंह (ब) सुरेंद्र वर्मा

(स) धर्मवीर भारती (द) मोहन राकेश

476. 'हिंदी उपन्यास : एक अंतर्यात्रा' किसकी पुस्तक है ?

(अ) नंददुलारे वाजपेयी (ब) भारतभूषण अग्रवाल

(स) रामदरश मिश्र (द) इंद्रनाथ मदान

477. 'जिंदगीनामा' और 'हम हशमत' उपन्यासों की रचना किसने की ?

(अ) कृष्णा सोबती (ब) इस्मत चुगताई

(स) मेहरुन्निसा परवेज (द) राही मासूम रजा

478. इनमें से मनोहर श्याम जोशी का उपन्यास कौन सा है ?

(अ) कुरु-कुरु स्वाहा (ब) पथ की खोज

(स) मुजरिम हाजिर है (द) वे और आप

479. 'ढाई घर' उपन्यास किस लेखक का है ?

(अ) अमृतलाल नागर (ब) गिरिराज किशोर

(स) कमलेश्वर (द) निर्मल वर्मा

480. 'नीला चाँद' उपन्यास के लेखक कौन हैं ?

(अ) शिवप्रसाद सिंह (ब) धर्मवीर भारती

(स) फणीश्वरनाथ 'रेणु' (द) सुरेंद्र वर्मा

481. इनमें से उषा प्रियंवदा का उपन्यास कौन सा है ?

उत्तर के लिए कृपया पृष्ठ सं. 153 देखें।

(अ) रुकोगी नहीं राधिका (ब) अनारो
(स) चितकोबरा (द) छोटे-छोटे सवाल

482. इनमें से कौन सा उपन्यास शरच्चंद्र चट्टोपाध्याय का नहीं है ?
(अ) देवदास (ब) चरित्रहीन
(स) परिणीता (द) अपराजिता

483. इनमें से कौन सा उपन्यास श्रीलाल शुक्ल का नहीं है ?
(अ) राग दरबारी (ब) आदमी का जहर
(स) अज्ञातवास (द) असंतोष के दिन

484. इनमें से प्रेमचंद का कौन सा उपन्यास अपूर्ण है ?
(अ) कायाकल्प (ब) कर्मभूमि
(स) मंगलसूत्र (द) गबन

485. 'पचपन खंभे लाल दीवारें' उपन्यास की लेखिका कौन है ?
(अ) मन्नू भंडारी (ब) मंजुल भगत
(स) मृदुला गर्ग (द) उषा प्रियंवदा

486. फणीश्वरनाथ 'रेणु' के 'मैला आँचल' की क्या विशेषता है ?
(अ) ठेठ देशीयता (ब) जीवन-दर्शन
(स) प्रेमकथा (द) राष्ट्रीयता

487. जयशंकर प्रसाद का कौन सा उपन्यास अपूर्ण है ?
(अ) कंकाल (ब) तितली
(स) इरावती (द) कोई नहीं

488. 'मुक्तिपथ' और 'जिप्सी' उपन्यास किसकी रचनाएँ हैं ?
(अ) जैनेंद्र कुमार (ब) मुक्तिबोध
(स) देवराज (द) इलाचंद्र जोशी

489. 'महाभोज' किसकी रचना है ?
(अ) मन्नू भंडारी (ब) राही मासूम रजा
(स) भीष्म साहनी (द) कृष्णा सोबती

490. देवराज ने अपने किस उपन्यास में दार्शनिक आधार पर धर्म और नैतिकता की बात उठाई है ?

उत्तर के लिए कृपया पृष्ठ सं. 153 देखें।

(अ) पथ की खोज (ब) अजय की डायरी
(स) रोड़े और पत्थर (द) वे और आप

491. किस उपन्यास में 'अलिफ लैला' और 'पंचतंत्र' के ढंग पर लिखी गई सात अलग-अलग कहानियाँ किस्सागो के व्यक्तित्व से जुड़कर उपन्यास बन जाती हैं?
(अ) वे दिन (ब) सीन-75
(स) सूरज का सातवाँ घोड़ा (द) कड़ियाँ

492. 'दिलो दानिश' उपन्यास किसने लिखा है?
(अ) राही मासूम रजा (ब) शानी
(स) कृष्णा सोबती (द) विमल मित्र

493. इनमें से कौन सा उपन्यास विष्णु प्रभाकर का नहीं है?
(अ) निशिकांत (ब) स्वप्नमयी
(स) तट के बंधन (द) तीसरा आदमी

494. पांडेय बेचन शर्मा 'उग्र' का कौन सा उपन्यास युवकों में लोकप्रिय हुआ?
(अ) बुधुआ की बोली (ब) चंद हसीनों के खुतूत
(स) अछूत (द) दिल्ली का दलाल

495. 'होरी' किस उपन्यास का पात्र है?
(अ) गोदान (ब) निर्मला
(स) प्रेमाश्रम (द) सेवासदन

496. 'हृदय की परख' और 'हृदय की प्यास' उपन्यासों की रचना किसने की?
(अ) चतुरसेन शास्त्री (ब) जैनेंद्र कुमार
(स) इलाचंद्र जोशी (द) देवराज

497. इनमें से कौन सी कृति उपन्यास विधा के अंतर्गत नहीं आती है?
(अ) बाणभट्ट की आत्मकथा (ब) भूत का भविष्य
(स) अहिल्याबाई (द) सूखी डाली

498. इनमें से कौन सा उपन्यास विमल मित्र का नहीं है?

उत्तर के लिए कृपया पृष्ठ सं. 153 देखें।

(अ) हम चाकर रघुनाथ के (ब) कैसे–कैसे सच
(स) मुजरिम हाजिर है (द) मेरी भव बाधा हरो

499. 'कृष्ण की आत्मकथा' उपन्यास का लेखक कौन है ?
(अ) प्रेमपाल शर्मा (ब) मनु शर्मा
(स) रजत शर्मा (द) लीलाधर शर्मा

□

उत्तर के लिए कृपया पृष्ठ सं. 153 देखें।

6

नाटक

500. हिंदी नाटकों को किस रचनाकार ने पहली बार साहित्यिक भूमिका प्रदान की ?

(अ) अंबिकादत्त व्यास (ब) भारतेंदु हरिश्चंद्र

(स) किशोरीलाल गोस्वामी (द) बालकृष्ण भट्ट

501. कथा क्षेत्र में जो स्थान प्रेमचंद का है, वही स्थान नाटक के क्षेत्र में किस साहित्यकार को प्राप्त है ?

(अ) भारतेंदु हरिश्चंद्र (ब) उदयशंकर भट्ट

(स) जयशंकर प्रसाद (द) हरिकृष्ण प्रेमी

502. जयशंकर प्रसाद का कौन सा नाटक 'समस्या नाटक' के रूप में महत्त्वपूर्ण है ?

(अ) राज्यश्री (ब) सज्जन

(स) प्रायश्चित्त (द) ध्रुवस्वामिनी

503. इनमें से किस नाटक में शास्त्रीय नियमों के अनुसार नांदी, विषकंभक, भरतवाक्य आदि का प्रयोग हुआ है ?

(अ) रामायण महानाटक (ब) करुणाभरवा

(स) शकुंतला (द) आनंद रघुनंदन

504. 'आनंद रघुनंदन' नाटक के रचयिता कौन हैं ?

(अ) महाराज विश्वनाथ सिंह (ब) प्राणचंद चौहान

उत्तर के लिए कृपया पृष्ठ सं. 153 देखें।

(स) कार्तिक प्रसाद खत्री (द) अंबिकादत्त व्यास

505. लीला नाटकों की परंपरा किसकी लोकप्रियता के कारण शुरू हुई ?
(अ) रामलीला (ब) कृष्णलीला
(स) प्रेमलीला (द) रासलीला

506. हिंदी का पहला दु:खांत नाटक कौन सा है ?
(अ) स्कंदगुप्त (ब) रणधीर प्रेममोहिनी
(स) दु:खिनी बाला (द) अंधेर नगरी

507. भारतेंदुकृत सामयिक उपादानों पर आधारित नाटक कौन सा है ?
(अ) भारत–दुर्दशा (ब) नीलदेवी
(स) पाखंड विडंबन (द) मुद्राराक्षस

508. किस नाटककार ने अपने एक नाटक की भूमिका में यह लिखा है— 'इतिहास के गड़े मुरदे उखाड़ने का काम इस युग के साहित्य में वांछनीय नहीं'?
(अ) हरिकृष्ण प्रेमी (ब) लक्ष्मीनारायण लाल
(स) पांडेय बेचन शर्मा 'उग्र' (द) लक्ष्मीनारायण मिश्र

509. इनमें से किस नाटक की गणना गीति नाट्य के अंतर्गत नहीं की जाती ?
(अ) अंधा युग (ब) स्वर्ण विहान
(स) छठा बेटा (द) तारा

510. 'करुणा भरण' नाटक किसकी रचना है ?
(अ) नैवाज (ब) रघुराम नागर
(स) श्रीनिवास दास (द) लछिराम

511. लीला नाटकों में श्रेष्ठ उदाहरण के रूप में किस नाटक का नाम लिया जाता है ?
(अ) रति कुसुमायुध (ब) जानकी मंगल
(स) प्रणयिनी परिणय (द) चंद्रावली

512. इनमें से कौन सा नाटक भारतेंदु का मौलिक नाटक नहीं है ?
(अ) कर्पूर मंजरी (ब) विषस्य विषमौषधम्

उत्तर के लिए कृपया पृष्ठ सं. 153 देखें।

(स) अंधेर नगरी (द) श्री चंद्रावली

513. इनमें से किस नाटक की गणना ऐतिहासिक नाटकों के अंतर्गत नहीं की जाती ?

(अ) सेनापति ऊदल (ब) संयोगिता स्वयंवर

(स) भारत सौभाग्य (द) नील देवी

514. इनमें से भारतेंदु का कौन सा नाटक शेक्सपियर के 'मर्चेंट ऑफ वेनिस' का अनुवाद है ?

(अ) दुर्लभ बंधु (ब) पाखंड विडंबन

(स) विषस्य विषमौषधम् (द) अंधेर नगरी

515. 'नल-दमयंती स्वयंवर' नाटक किसकी रचना है ?

(अ) भारतेंदु हरिश्चंद्र (ब) बालकृष्ण भट्ट

(स) देवकीनंदन खत्री (द) प्राणचंद चौहान

516. मोहन राकेश का कौन सा नाटक अधूरा है ?

(अ) पैरों तले की जमीन (ब) लहरों के राजहंस

(स) आषाढ़ का एक दिन (द) आधे-अधूरे

517. 'इतिहास का अनुशीलन किसी भी जाति को अपना आदर्श संगठित करने के लिए अत्यंत लाभदायक होता है।' यह पंक्ति किस नाटककार की है ?

(अ) जयशंकर प्रसाद (ब) उदयशंकर भट्ट

(स) हरिकृष्ण प्रेमी (द) लक्ष्मीनारायण मिश्र

518. 'कृष्णार्जुन युद्ध' नाटक किसने लिखा है ?

(अ) वृंदावनलाल वर्मा (ब) माखनलाल चतुर्वेदी

(स) धर्मवीर भारती (द) भारतेंदु हरिश्चंद्र

519. किस नाटककार ने नाटकों को पहली बार रूमानियत के घेरे से बाहर निकालकर आधुनिकता-बोध के साथ जोड़ा ?

(अ) जैनेंद्र कुमार (ब) माखनलाल चतुर्वेदी

(स) उपेंद्रनाथ 'अश्क' (द) प्रेमचंद

520. 'अंधेर नगरी' किस प्रकार की कृति है ?

उत्तर के लिए कृपया पृष्ठ सं. 153 व 154 देखें।

(अ) एकांकी (ब) रूपक

(स) प्रहसन (द) भाषा

521. कालिदास के जीवन पर आधारित नाटक कौन सा है ?

(अ) जय पराजय (ब) आषाढ़ का एक दिन

(स) लहरों के राजहंस (द) स्कंदगुप्त

522. 'रंग दर्शन' पुस्तक का लेखक कौन है ?

(अ) लक्ष्मीनारायण लाल (ब) जगदीश चंद्र माथुर

(स) दशरथ ओझा (द) नेमिचंद्र जैन

523. 'अंजली' और 'श्रीपत' किस नाटक के पात्र हैं ?

(अ) आधे-अधूरे (ब) अंजो दीदी

(स) अंजना (द) बिना दीवारों के घर

524. जयशंकर प्रसाद के किस नाटक में नारी मोक्ष के प्रश्न का उत्तर मिलता है ?

(अ) कल्याणी परिणय (ब) करुणालय

(स) कामना (द) ध्रुवस्वामिनी

525. 'कोणार्क' नाटक किस लेखक का लिखा हुआ है ?

(अ) हरिकृष्ण प्रेमी (ब) उदयशंकर भट्ट

(स) जगदीश चंद्र माथुर (द) चतुरसेन शास्त्री

526. लक्ष्मीनारायण लाल के किस नाटक में प्रेम और विवाह को कला-साधना के परिप्रेक्ष्य में देखा गया है ?

(अ) पंच पुरुष (ब) मादा कैक्टस

(स) अंधा कुआँ (द) रातरानी

527. 'कबिरा खड़ा बाजार में' नाटक किसकी रचना है ?

(अ) भीष्म साहनी (ब) नरेश मेहता

(स) मुद्राराक्षस (द) गिरीश कर्नाड

528. 'बकरी' नाटक किसके द्वारा लिखित है ?

(अ) अज्ञेय (ब) धर्मवीर भारती

(स) सर्वेश्वर दयाल सक्सेना (द) भीष्म साहनी

उत्तर के लिए कृपया पृष्ठ सं. 154 देखें।

529. इनमें से कौन सा नाटक उपेंद्रनाथ 'अश्क' द्वारा लिखित नहीं है ?

(अ) जय-पराजय (ब) परदा उठाओ, परदा गिराओ

(स) पैंतरे (द) धूप का एक टुकड़ा

530. आधुनिक हिंदी एकांकी नाटकों का जनक किसे कहा जाता है ?

(अ) जगदीश चंद्र माथुर (ब) रामकुमार वर्मा

(स) सेठ गोविंद दास (द) उदयशंकर भट्ट

531. इनमें से हिंदी भाषा का पहला एकांकी कौन सा है ?

(अ) लक्ष्मी का स्वागत (ब) भोर का तारा

(स) बादल की मृत्यु (द) दीपदान

532. 'अंडे के छिलके' एकांकी किसका लिखा है ?

(अ) विष्णु प्रभाकर (ब) मोहन राकेश

(स) भुवनेश्वर प्रसाद (द) उपेंद्रनाथ 'अश्क'

533. किस पत्रिका के एकांकी नाटक विशेषांक ने एकांकी लेखन को विवादास्पद बना दिया ?

(अ) हंस (ब) आलोचना

(स) साहित्य अमृत (द) नया प्रतीक

534. इनमें से किस साहित्यकार की गणना एकांकीकारों में नहीं की जाती ?

(अ) सुदर्शन (ब) चंद्रगुप्त विद्यालंकार

(स) प्रभाकर माचवे (द) विष्णु प्रभाकर

535. इनमें से कौन सा नाटक डॉ. रामकुमार वर्मा द्वारा लिखित नहीं है ?

(अ) रेशमी टाई (ब) चारुमित्रा

(स) दस मिनट (द) स्ट्राइक

536. डॉ. नगेंद्र ने हिंदी एकांकी का प्रारंभ किस एकांकी से माना है ?

(अ) एक घूँट (ब) बादल की मृत्यु

(स) अंधेर नगरी (द) प्रेमयोगिनी

537. जगदीश चंद्र माथुर के किस एकांकी में एक बुद्धिजीवी कलाकार के स्वप्नों की गाथा वर्णित है ?

(अ) मकड़ी का जाला (ब) ओ मेरे सपने

उत्तर के लिए कृपया पृष्ठ सं. 154 देखें।

(स) भोर का तारा (द) मेरी बाँसुरी

538. 'पर्वत के पीछे' तथा 'ताजमहल के आँसू' एकांकी नाटकों की रचना किसने की ?

(अ) लक्ष्मीनारायण लाल (ब) हरिकृष्ण प्रेमी
(स) उदयशंकर भट्ट (द) भुवनेश्वर प्रसाद

539. इन एकांकीकारों में कवि रूप में भी कौन प्रसिद्ध है ?

(अ) रामकुमार वर्मा (ब) मोहन राकेश
(स) जगदीश चंद्र माथुर (द) लक्ष्मीनारायण लाल

540. 'डॉक्टर' नाटक किसका है ?

(अ) विष्णु प्रभाकर (ब) उपेंद्रनाथ 'अश्क'
(स) सेठ गोविंद दास (द) सुरेंद्र वर्मा

541. इनमें से कौन सा नाटक गिरीश कर्नाड का है ?

(अ) तुगलक (ब) हानूश
(स) रसगंधर्व (द) काला मुँह

542. 'घासीराम कोतवाल' तथा 'हल्ला बोल' नाटकों का लेखक कौन है ?

(अ) गिरीश कर्नाड (ब) सुरेंद्र वर्मा
(स) विजय तेंदुलकर (द) मणि मधुकर

543. 'लहरों के राजहंस' नाटक किसकी रचना है ?

(अ) धर्मवीर भारती (ब) चतुरसेन शास्त्री
(स) शिवप्रसाद सिंह (द) मोहन राकेश

544. इनमें से दुष्यंत कुमार का नाटक कौन सा है ?

(अ) अंधा युग (ब) उत्तर प्रियदर्शी
(स) उलझन (द) एक कंठ विषपायी

545. इनमें से कौन सा नाटक हबीब तनवीर का नहीं है ?

(अ) आगरा बाजार (ब) मिट्टी की गाड़ी
(स) चरणदास चोर (द) हल्ला बोल

546. 'सूर्य की अंतिम किरण से सूर्य की पहली किरण तक' नाटक किसका लिखा है ?

उत्तर के लिए कृपया पृष्ठ सं. 154 देखें।

(अ) गिरीश कर्नाड (ब) सुरेंद्र वर्मा

(स) भीष्म साहनी (द) विजय तेंदुलकर

547. इन नाटककारों में कवि रूप में भी प्रसिद्ध रचनाकार कौन है?

(अ) मन्नू भंडारी (ब) धर्मवीर भारती

(स) शिवप्रसाद सिंह (द) सेठ गोविंद दास

548. 'स्नेह या स्वर्ग' नाटक किसकी रचना है?

(अ) मोहन राकेश (ब) सुमित्रानंदन पंत

(स) सेठ गोविंद दास (द) जगदीश चंद्र माथुर

549. उपेंद्रनाथ 'अश्क' के किस नाटक में समझौतावादी और विद्रोहिणी नारी का चित्रण किया गया है?

(अ) कैद (ब) उड़ान

(स) अलग-अलग रास्ते (द) पैंतरे

□

उत्तर के लिए कृपया पृष्ठ सं. 154 देखें।

7

निबंध-आलोचना

550. इनमें से भारतेंदु हरिश्चंद्र का निबंध कौन सा है ?
(अ) राजा भोज का सपना (ब) अद्‌भुत अपूर्व स्वप्न
(स) यमपुर की यात्रा (द) एक अनोखा स्वप्न

551. भारतेंदु हरिश्चंद्र के नाटकों की सबसे महत्त्वपूर्ण विशेषता कौन सी है ?
(अ) आत्मव्यंजकता (ब) व्यंग्य
(स) राष्ट्रीय-सांस्कृतिक जागरण (द) नवीन शैली

552. किस आलोचक ने बालकृष्ण भट्‌ट और प्रतापनारायण मिश्र को हिंदी का 'स्टील' और 'एडीसन' कहा है ?
(अ) हजारी प्रसाद द्विवेदी (ब) रामचंद्र शुक्ल
(स) धीरेंद्र वर्मा (द) रामकुमार वर्मा

553. 'धोखा', 'बात' और 'भौं' निबंधों की रचना किसने की है ?
(अ) बालकृष्ण भट्‌ट (ब) रामचंद्र शुक्ल
(स) प्रतापनारायण मिश्र (द) बालमुकुंद गुप्त

554. 'यदि गद्य कवियों या लेखकों की कसौटी है तो निबंध गद्य की कसौटी है'—यह विचार किसका है ?
(अ) हजारी प्रसाद द्विवेदी (ब) रामचंद्र शुक्ल
(स) विद्यानिवास मिश्र (द) कुबेरनाथ राय

उत्तर के लिए कृपया पृष्ठ सं. 154 देखें।

555. 'निबंध' का जनक किसे माना जाता है?

(अ) मोनतेङ्
(ब) जॉन अर्ल
(स) जोसेफ एडीसन
(द) ऑलिवर गोल्डस्मिथ

556. किस निबंध-रचना में कर्जन के भारत-विरोधी कारनामों पर व्यंग्यात्मक शैली में प्रहार किया गया है?

(अ) कुछ उथले, कुछ गहरे
(ब) शिवशंभू के चिट्ठे
(स) बात-बात में मात
(द) मेरा देश वापस लाओ

557. महावीर प्रसाद द्विवेदी के किस निबंध में व्यंग्य शैली प्रभावी है?

(अ) कवि और कविता
(ब) लेखांजलि
(स) म्युनिसिपैलिटी के कारनामे
(द) आत्मनिवेदन

558. आचार्य रामचंद्र शुक्ल का निबंध-संकलन 'चिंतामणि' नाम से कितने भागों में प्रकाशित हुआ?

(अ) दो
(ब) तीन
(स) चार
(द) पाँच

559. 'नाखून क्यों बढ़ते हैं' निबंध किसकी रचना है?

(अ) प्रतापनारायण मिश्र
(ब) बालकृष्ण भट्ट
(स) सरदार पूर्ण सिंह
(द) हजारी प्रसाद द्विवेदी

560. इनमें से कौन सा निबंध पं. विद्यानिवास मिश्र का नहीं है?

(अ) अग्निरथ
(ब) चितवन की छाँह
(स) तुम चंदन हम पानी
(द) आम फिर बौरा गए

561. 'राजा भोज का सपना' निबंध किसकी रचना है?

(अ) भारतेंदु हरिश्चंद्र
(ब) महावीर प्रसाद द्विवेदी
(स) शिवप्रसाद 'सितारे हिंद'
(द) प्रतापनारायण मिश्र

562. इन निबंधों में चंद्रधर शर्मा 'गुलेरी' का निबंध कौन सा है?

(अ) कछुआ धर्म
(ब) ठलुआ क्लब
(स) पंचपात्र
(द) बुढ़ापा

563. खड़ी बोली निबंधों के भीतर से अवधी, बैसवाड़ी या ब्रजभाषा के माधुर्य की झलक किस युग के निबंधों में मिलती है?

उत्तर के लिए कृपया पृष्ठ सं. 154 देखें।

(अ) द्विवेदी युग (ब) भारतेंदु युग
(स) शुक्ल युग (द) शुक्लोत्तर युग

564. रामचंद्र शुक्ल के 'उत्साह', 'करुणा', 'घृणा' और 'लज्जा' शीर्षक निबंध किस श्रेणी में आते हैं ?
(अ) मनोविकार संबंधी (ब) विचारात्मक
(स) साहित्य समीक्षा संबंधी (द) साहित्य सिद्धांत संबंधी

565. 'अशोक के फूल' निबंध-संग्रह किसका है ?
(अ) हजारी प्रसाद द्विवेदी (ब) महावीर प्रसाद द्विवेदी
(स) विद्यानिवास मिश्र (द) रामवृक्ष बेनीपुरी

566. व्यक्ति-व्यंजक निबंधकार के रूप में किसे प्रसिद्धि मिली है ?
(अ) अज्ञेय (ब) बेढब बनारसी
(स) सरदार पूर्ण सिंह (द) विद्यानिवास मिश्र

567. 'आत्मनेपद' निबंध-संग्रह किसका है ?
(अ) पदुमलाल पुन्नालाल बख्शी (ब) प्रभाकर माचवे
(स) मुक्तिबोध (द) अज्ञेय

568. इन निबंध-संग्रहों में बालकृष्ण भट्ट का संग्रह कौन सा है ?
(अ) निबंध नवनीत (ब) लिखि कागद कोरे
(स) साहित्य सरोज (द) खुशामद

569. 'वैर क्रोध का अचार या मुरब्बा है'—यह कथन किस निबंधकार के निबंध से उद्धृत है ?
(अ) प्रतापनारायण मिश्र (ब) बालमुकुंद गुप्त
(स) बाबू गुलाबराय (द) रामचंद्र शुक्ल

570. इनमें से कौन सा निबंध रामधारी सिंह 'दिनकर' का नहीं है ?
(अ) मिट्टी की ओर (ब) रेती के फूल
(स) हमारी सांस्कृतिक एकता (द) विचार-प्रवाह

571. 'प्रिया नीलकंठी और 'रस आखेटक' निबंध-संग्रहों में किस रचनाकार के निबंध संकलित हैं ?
(अ) ठाकुर प्रसाद सिंह (ब) शिवप्रसाद सिंह

उत्तर के लिए कृपया पृष्ठ सं. 154 देखें।

(स) कुबेरनाथ राय (द) धर्मवीर भारती

572. किस निबंध-संग्रह में समीक्षात्मक निबंध संकलित हैं ?
(अ) आस्था के चरण (ब) प्रताप पीयूष
(स) चलन (द) मारेसि मोहिं कुठाउँ

573. 'गेहूँ और गुलाब' निबंध किस लेखक का है ?
(अ) रामवृक्ष बेनीपुरी (ब) जैनेंद्र कुमार
(स) रामधारी सिंह 'दिनकर' (द) उपेंद्रनाथ 'अश्क'

574. इनमें से कौन सी रचना निबंध की श्रेणी में आती है ?
(अ) तीसरा आदमी (ब) न आनेवाला कल
(स) मजदूरी और प्रेम (द) पृथ्वीराज की आँखें

575. 'दूसरी परंपरा की खोज' पुस्तक का लेखक कौन है ?
(अ) निराला (ब) हजारी प्रसाद द्विवेदी
(स) रामविलास शर्मा (द) नामवर सिंह

576. रामविलास शर्मा की आलोचनात्मक कृति 'निराला की साहित्य साधना' कितने भागों में प्रकाशित है ?
(अ) दो (ब) चार
(स) तीन (द) एक

577. बदरीनारायण चौधरी 'प्रेमघन' ने किस पुस्तक के अनुवाद की आलोचना की है ?
(अ) संयोगिता स्वयंवर (ब) नीलदेवी
(स) परीक्षा गुरु (द) एकांतवासी योगी

578. चंद्रधर शर्मा 'गुलेरी' ने आलोचना पर आधारित कौन सा पत्र जयपुर से निकाला ?
(अ) समालोचक (ब) आलोचना
(स) समकालीन साहित्य (द) आनंद कादंबिनी

579. 'कविता क्या है' शीर्षक निबंध किसका है ?
(अ) महादेवी वर्मा (ब) निराला
(स) अज्ञेय (द) रामचंद्र शुक्ल

उत्तर के लिए कृपया पृष्ठ सं. 154 देखें।

580. इन आलोचकों में से किसने कबीर पर आलोचनात्मक पुस्तक लिखी है ?

(अ) रामविलास शर्मा (ब) मुक्तिबोध
(स) हजारी प्रसाद द्विवेदी (द) रामचंद्र शुक्ल

581. आचार्य रामचंद्र शुक्ल की पहली सैद्धांतिक आलोचनात्मक पुस्तक कौन सी है ?

(अ) रस मीमांसा (ब) काव्य में रहस्यवाद
(स) गोस्वामी तुलसीदास (द) भ्रमरगीत सार

582. बिहारी के काव्य-सौंदर्य का सम्यक् विवेचन करनेवाली पहली आलोचनात्मक पुस्तक कौन सी है ?

(अ) बिहारी (ब) कविवर बिहारी और उनका युग
(स) बिहारी की वाग्विभूति (द) मुक्तक काव्य-परंपरा और बिहारी

583. सैद्धांतिक आलोचना के क्षेत्र में सबसे महत्त्वपूर्ण योगदान किसका रहा है ?

(अ) रामचंद्र शुक्ल (ब) नंददुलारे वाजपेयी
(स) श्यामसुंदर दास (द) बाबू गुलाब राय

584. पद्‍म सिंह शर्मा ने किस आलोचना का सूत्रपात किया ?

(अ) व्याख्यात्मक (ब) सैद्धांतिक
(स) तुलनात्मक (द) समीक्षात्मक

585. 'आधुनिक हिंदी आलोचना के बीज शब्द' किसकी पुस्तक है ?

(अ) नामवर सिंह (ब) रामविलास शर्मा
(स) बच्चन सिंह (द) शिवप्रसाद सिंह

586. इन पुस्तकों में से कौन सी लक्ष्मीकांत वर्मा की है ?

(अ) नई कविता के प्रतिमान
(ब) नई कविता : स्वरूप और समस्याएँ
(स) कविता के नए प्रतिमान
(द) नई कविता : सीमाएँ और संभावनाएँ

587. अनुसंधानपरक आलोचना का विकास किस पत्रिका के प्रकाशन से हुआ ?

उत्तर के लिए कृपया पृष्ठ सं. 154 व 155 देखें।

(अ) समालोचना (ब) समालोचक
(स) नागरी प्रचारिणी पत्रिका (द) आनंद कादंबिनी

588. 'काव्य में अभिव्यंजनावाद' पुस्तक किसने लिखी है ?
(अ) लक्ष्मीनारायण 'सुधांशु' (ब) डॉ. नगेंद्र
(स) रामचंद्र शुक्ल (द) श्यामसुंदर दास

589. 'लोक-जागरण और हिंदी साहित्य' आलोचनात्मक ग्रंथ किसका है ?
(अ) रामचंद्र शुक्ल (ब) रामविलास शर्मा
(स) हजारी प्रसाद द्विवेदी (द) श्यामसुंदर दास

590. 'छायावाद' पर पंतजी द्वारा लिखी गई आलोचनात्मक पुस्तक कौन सी है ?
(अ) छायावाद का पतन (ब) पंत और पल्लव
(स) छायावाद : पुनर्मूल्यांकन (द) छायावाद

591. इन आलोचनात्मक कृतियों में रामविलास शर्मा की कृति कौन सी है ?
(अ) भाषा और समाज (ब) भाषा और संवेदना
(स) भाषा-रहस्य (द) शब्द और स्मृति

592. मिश्रबंधुओं की किस कृति ने तुलनात्मक आलोचना को आगे बढ़ाया ?
(अ) मिश्रबंधु विनोद (ब) हिंदी नवरत्न
(स) नेत्रोन्मीलन (द) उदयन

593. इनमें से शोधपरक आलोचना का उन्नायक कौन है ?
(अ) श्यामसुंदर दास (ब) पद्म सिंह शर्मा
(स) मिश्रबंधु (द) सरदार कवि

594. इनमें से आलोचनात्मक ग्रंथ कौन सा है ?
(अ) फिलहाल (ब) सदाचार का तावीज
(स) शिखरों के सेतु (द) निबंध नवनीत

595. इनमें से कौन सी कृति निबंध की श्रेणी में रखी जाती है ?
(अ) लिखि कागद कोरे (ब) स्वप्नों के चित्र
(स) संवाद तुमसे साखी (द) इतिहासहंता

596. 'साहित्य जनसमूह के हृदय का विकास है।' यह कथन किस निबंधकार

उत्तर के लिए कृपया पृष्ठ सं. 155 देखें।

का है ?

(अ) प्रतापनारायण मिश्र (ब) बालकृष्ण भट्ट

(स) भारतेंदु हरिश्चंद्र (द) रामचंद्र शुक्ल

597. क्रोचे के अभिव्यंजनावाद को किस आलोचक ने 'भारतीय वक्रोक्तिवाद का विलायती उत्थान' माना है ?

(अ) हजारी प्रसाद द्विवेदी (ब) नामवर सिंह

(स) रामचंद्र शुक्ल (द) विश्वनाथ प्रसाद मिश्र

598. कृष्णबिहारी मिश्र ने अपनी पुस्तक 'देव और बिहारी' में आलोचना की कौन सी पद्धति अपनाई है ?

(अ) अनुसंधानपरक (ब) शोधपरक

(स) तुलनात्मक (द) परिचयात्मक

599. मनोविश्लेषणवादी समीक्षा के क्षेत्र में किस आलोचक का नाम सम्मिलित नहीं है ?

(अ) अज्ञेय (ब) इलाचंद्र जोशी

(स) देवराज उपाध्याय (द) विजयदेव नारायण साही

□

उत्तर के लिए कृपया पृष्ठ सं. 155 देखें।

8

रेखाचित्र-संस्मरण

600. 'सुधा' में इलाचंद्र जोशी का संस्मरण किस शीर्षक से प्रकाशित हुआ?
(अ) कुछ संस्मरण (ब) मेरे प्राथमिक जीवन की स्मृतियाँ
(स) स्मृतिलेखा (द) वे दिन, वे लोग

601. 'माटी की मूरतें' किस लेखक की रचना है?
(अ) अमृतलाल नागर (ब) शिवपूजन सहाय
(स) रामवृक्ष बेनीपुरी (द) बनारसीदास चतुर्वेदी

602. हरिऔधजी का संस्मरण किस रचनाकार ने लिखा?
(अ) महावीर प्रसाद द्विवेदी (ब) बनारसीदास चतुर्वेदी
(स) कन्हैयालाल मिश्र 'प्रभाकर' (द) बालमुकुंद गुप्त

603. 'तीस दिन : मालवीयजी के साथ' किसकी रचना है?
(अ) रामनरेश त्रिपाठी (ब) महादेवी वर्मा
(स) उपेंद्रनाथ 'अश्क' (द) माखनलाल चतुर्वेदी

604. 'रामा', 'बिंदा' और 'घीसा' किस रचनाकार के संस्मरणात्मक रेखाचित्र हैं?
(अ) रामवृक्ष बेनीपुरी (ब) शिवपूजन सहाय
(स) महादेवी वर्मा (द) जैनेंद्र कुमार

605. रामवृक्ष बेनीपुरी की किस कृति में जेल–जीवन पर आधारित संस्मरण संकलित हैं?

उत्तर के लिए कृपया पृष्ठ सं. 155 देखें।

(अ) जंजीरें और दीवारें (ब) मील के पत्थर
(स) लाल तारा (द) गेहूँ और गुलाब

606. संस्मरण और रेखाचित्र में कौन सी रचना महादेवी वर्मा की नहीं है ?
(अ) पथ के साथी (ब) अतीत के चलचित्र
(स) स्मृति की रेखाएँ (द) हमारे आराध्य

607. 'जिनके साथ जिया' किस लेखक की रचना है ?
(अ) शिवपूजन सहाय (ब) जगदीश चंद्र माथुर
(स) हरिवंशराय बच्चन (द) अमृतलाल नागर

608. इनमें से कौन सी रचना उपेंद्रनाथ 'अश्क' की है ?
(अ) जिंदगी मुसकराई (ब) लाल तारा
(स) मंटो मेरा दुश्मन (द) वह पीपल

609. मार्च 1939 में 'हंस' का 'रेखाचित्र विशेषांक' किसके संपादकत्व में निकला ?
(अ) प्रेमचंद (ब) श्रीपत राय
(स) अमृत राय (द) यशपाल

610. 'मधुकर' के 'रेखाचित्र विशेषांक' (1946) का संपादन किसने किया था ?
(अ) माखनलाल चतुर्वेदी (ब) रामवृक्ष बेनीपुरी
(स) बनारसीदास चतुर्वेदी (द) उपेंद्रनाथ 'अश्क'

611. संपूर्णानंदजी के संस्मरण उनकी किस पुस्तक में संकलित हैं ?
(अ) कुछ स्मृतियाँ और स्फुट विचार (ब) अंतरिक्ष यात्रा
(स) अलकनंदा मंदाकिनी के दो तीर्थ (द) आर्यों का आदि देश

612. रामवृक्ष बेनीपुरी की कौन सी रचना 'संस्मरण और रेखाचित्र' के अंतर्गत सम्मिलित नहीं की जाती है ?
(अ) गेहूँ और गुलाब (ब) मील के पत्थर
(स) लाल तारा (द) अंबपाली

613. इनमें से बनारसीदास चतुर्वेदी की संस्मरणात्मक कृति कौन सी है ?
(अ) बोलती प्रतिमा (ब) भाई जगन्नाथ

उत्तर के लिए कृपया पृष्ठ सं. 155 देखें।

(स) हमारें आराध्य (द) ज्यादा अपनी पराई कम

614. हरिवंशराय बच्चन ने अपनी किस संस्मरणात्मक कृति में हिंदी साहित्य की सीमा और शक्ति का अंकन किया है ?

(अ) नीड़ का निर्माण फिर (ब) नए-पुराने झरोखे

(स) दस द्वार से सोपान तक (द) क्या भूलूँ, क्या याद करूँ

615. सेठ गोविंद दास ने इनमें से कौन सी कृति रेखाचित्र शैली में लिखी है ?

(अ) स्मृति-कण (ब) चेहरे जाने-पहचाने

(स) स्नेह या स्वंर्ग (द) एकादमी

616. 'हंस' का प्रेमचंद स्मृति अंक (1937) किसने संपादित किया था ?

(अ) शिवपूजन सहाय (ब) श्रीपत राय

(स) अमृत राय (द) बाबूराव विष्णु पराड़कर

617. 'जवाहर भाई : उनकी आत्मीयता और सहृदयता' पुस्तक किस लेखक ने लिखी ?

(अ) रायकृष्ण दास (ब) संपूर्णानंद

(स) हरिवंशराय बच्चन (द) दिनकर

618. इन रचनाओं में से कौन सी रचना राहुल सांकृत्यायन की नहीं है ?

(अ) क्षणदा (ब) जिनका मैं कृतज्ञ

(स) बचपन की स्मृतियाँ (द) मेरे असहयोग के साथी

619. संस्मरणात्मक पुस्तक 'समय के पाँव' किसकी रचना है ?

(अ) महादेवी वर्मा (ब) माखनलाल चतुर्वेदी

(स) जैनेंद्र कुमार (द) शिवपूजन सहाय

620. इनमें से मन्मथनाथ गुप्त की संस्मरणात्मक कृति कौन सी है ?

(अ) जिनके साथ जिया (ब) क्रांति युग के संस्मरण

(स) जिन्होंने जीना जाना (द) स्मारिका

☐

उत्तर के लिए कृपया पृष्ठ सं. 155 देखें।

9

आत्मकथा-जीवनी

621. जीवनी साहित्य का प्रारंभ किस युग से हुआ ?

(अ) आदिकाल (ब) द्विवेदीकाल

(स) भारतेंदुकाल (द) छायावाद युग

622. भारतेंदु हरिश्चंद्र की जीवनी-साहित्य से संबंधित पुस्तक कौन सी है ?

(अ) बूँदी का राजवंश (ब) पूर्णप्रकाश चंद्रप्रभा

(स) दुर्लभ बंधु (द) एक अद्‌भुत अपूर्व स्वप्न

623. इनमें से काका कालेलकर द्वारा लिखित जीवनी ग्रंथ कौन सा है ?

(अ) बापू के कारावास की कहानी (ब) बापू के कदमों में

(स) बापू की झाँकियाँ (द) अकाल पुरुष गांधी

624. जीवनी पुस्तक 'आवारा मसीहा' के लेखक कौन हैं ?

(अ) शरच्चंद्र चट्टोपाध्याय (ब) विष्णु प्रभाकर

(स) पांडेय बेचन शर्मा 'उग्र' (द) फणीश्वरनाथ 'रेणु'

625. भारतेंदु हरिश्चंद्र ने इनमें से किस लेखक की जीवनी लिखी है ?

(अ) कालिदास (ब) तुलसीदास

(स) कबीरदास (द) चंदबरदाई

626. प्रेमचंद पर लिखी शिवरानी देवी की कृति कौन सी है ?

(अ) कलम का मजदूर (ब) कलम का सिपाही

(स) प्रेमचंद : घर में (द) कोई नहीं

उत्तर के लिए कृपया पृष्ठ सं. 155 देखें।

627. 'आवारा मसीहा' के केंद्र में किसका जीवन-चरित है?

(अ) शरच्चंद्र चट्टोपाध्याय (ब) निराला

(स) कबीर (द) रवींद्रनाथ टैगोर

628. रामविलास शर्मा की किस पुस्तक को जीवनी-साहित्य के अंतर्गत रखा जाता है?

(अ) निराला की साहित्य-साधना

(ब) महावीर प्रसाद द्विवेदी और हिंदी नवजागरण

(स) भारतेंदु युग और हिंदी भाषा की विकास परंपरा

(द) आचार्य शुक्ल

629. 'कलम का मजदूर' किसकी रचना है?

(अ) शिवरानी देवी (ब) श्रीपत राय

(स) निराला (द) अमृत राय

630. कर्नल टॉड की जीवनी किस लेखक ने लिखी है?

(अ) गौरीशंकर ओझा (ब) ज्वालादत्त शर्मा

(स) लक्ष्मीधर वाजपेयी (द) देवी प्रसाद

631. इन जीवनी ग्रंथों में से किस ग्रंथ में आचार्य महावीर प्रसाद द्विवेदी द्वारा लिखी जीवनियाँ संकलित नहीं हैं?

(अ) प्राचीन पंडित और कवि (ब) सुकवि संकीर्तन

(स) विश्वकवि रवींद्रनाथ (द) चरित-चर्चा

632. 'मीराबाई का जीवन-चरित' किस लेखक ने लिखी है?

(अ) भगवानदास तिवारी (ब) कार्तिक प्रसाद खत्री

(स) विश्वनाथ प्रसाद तिवारी (द) ललिता प्रसाद शुक्ल

633. 'कुल्ली भाट' किसकी रचना है?

(अ) कबीर (ब) निराला

(स) दिनकर (द) अज्ञेय

634. 'सुमित्रानंदन पंत : जीवनी और साहित्य' पुस्तक का लेखक कौन है?

(अ) शचीरानी गुर्टू (ब) नंददुलारे वाजपेयी

उत्तर के लिए कृपया पृष्ठ सं. 155 देखें।

(स) शांति जोशी (द) निराला

635. किस कृति से 'आत्मकथा' विधा का प्रारंभ माना जाता है ?
(अ) अर्धकथानक (ब) मेरा जीवन-प्रवाह
(स) मुझमें देव-जीवन का विकास (द) आत्मनिरीक्षण

636. वियोगी हरि की आत्मकथात्मक पुस्तक का नाम क्या है ?
(अ) आपबीती (ब) मेरी आत्मकहानी
(स) मेरा जीवन-प्रवाह (द) परिव्राजक की कथा

637. इन महापुरुषों में से किसकी आत्मकथा मूलतः हिंदी में लिखी गई है ?
(अ) जवाहरलाल नेहरू (ब) डॉ. राधाकृष्णन्
(स) मौलाना अबुल कलाम आजाद (द) डॉ. राजेंद्र प्रसाद

638. सेठ गोविंद दास की जीवनी किस पुस्तक में निहित है ?
(अ) आत्मनिरीक्षण (ब) मेरी अपनी कथा
(स) मेरी आत्मकहानी (द) जहाँ मैं खड़ा हूँ

639. 'क्या भूलूँ, क्या याद करूँ' में किस रचनाकार की आत्मकथा वर्णित है ?
(अ) सुमित्रानंदन पंत (ब) हरिवंशराय बच्चन
(स) निराला (द) महादेवी वर्मा

640. पांडेय बेचन शर्मा 'उग्र' के जीवन की झाँकी किस पुस्तक में निहित है ?
(अ) अपनी खबर (ब) फागुन के दिन चार
(स) जब सारा आलम सोता है (द) आत्मकथा

641. 'अर्धकथानक' किसकी रचना है ?
(अ) सत्यानंद अग्निहोत्री (ब) स्वामी दयानंद
(स) बनारसीदास जैन (द) सुभाषचंद्र बोस

642. इन रचनाकारों में से किसने आत्मकथा नहीं लिखी है ?
(अ) सुमित्रानंदन पंत (ब) हरिवंशराय बच्चन
(स) वियोगी हरि (द) महादेवी वर्मा

उत्तर के लिए कृपया पृष्ठ सं. 155 देखें।

643. सुभाषचंद्र बोस की आत्मकथा का शीर्षक क्या है ?
(अ) तरुण के स्वप्न (ब) मेरी जीवन-यात्रा
(स) मेरी असफलताएँ (द) मैं क्रांतिकारी कैसे बना

644. 'राख की लपटें' किसकी आत्मकथात्मक कृति है ?
(अ) मन्मथनाथ गुप्त (ब) पुरुषोत्तम दास टंडन
(स) राजेंद्र प्रसाद (द) सुभाषचंद्र बोस

645. सुमित्रानंदन पंत ने अपने जीवन के पक्षों को किस पुस्तक में उकेरा है ?
(अ) दस द्वार से सोपान तक (ब) नीड़ का निर्माण फिर
(स) साठ वर्ष : एक रेखांकन (द) मेरी जीवन-यात्रा

646. 'मैं क्रांतिकारी कैसे बना' शीर्षक से किस रचनाकार ने अपनी कहानी लिखी ?
(अ) सुभाषचंद्र बोस (ब) मन्मथनाथ गुप्त
(स) पांडेय बेचन शर्मा 'उग्र' (द) रामविलास शर्मा

647. 'सिंहावलोकन' में किस रचनाकार ने अपने जीवन को उद्‌घाटित किया है ?
(अ) शिवप्रसाद सिंह (ब) चतुरसेन शास्त्री
(स) श्रीलाल शुक्ल (द) यशपाल

648. 'दस द्वार से सोपान तक' किसकी आत्मकथात्मक कृति है ?
(अ) सुमित्रानंदन पंत (ब) निराला
(स) हरिवंशराय बच्चन (द) मुक्तिबोध

649. राहुल सांकृत्यायन ने इनमें से किस पुस्तक में अपने जीवन की कथा लिखी है ?
(अ) मेरी अपनी कहानी (ब) मेरी जीवन-यात्रा
(स) अपनी बात (द) आत्मकथा

□

उत्तर के लिए कृपया पृष्ठ सं. 155 देखें।

10

यात्रा साहित्य

650. यात्रावृत्त विषयक इनमें से कौन सी रचना भारतेंदु हरिश्चंद्र द्वारा नहीं लिखी गई है ?

(अ) सरयू पार की यात्रा (ब) हरिद्वार की यात्रा
(स) ब्रजयात्रा (द) लखनऊ की यात्रा

651. 'विलायत-यात्रा' किसकी रचना है ?

(अ) प्रतापनारायण मिश्र (ब) बालकृष्ण भट्ट
(स) भारतेंदु हरिश्चंद्र (द) महावीर प्रसाद द्विवेदी

652. भारतेंदु हरिश्चंद्र की यात्रावृत्त विषयक रचनाएँ किस पत्रिका में प्रकाशित हुईं ?

(अ) सरस्वती (ब) हंस
(स) कविवचनसुधा (द) माधुरी

653. 'लंकायात्रा का विवरण' किस रचनाकार ने लिखा है ?

(अ) श्रीधर पाठक (ब) सत्यदेव परिव्राजक
(स) देवी प्रसाद खत्री (द) गोपालराम गहमरी

654. 'मेरी कैलाश यात्रा' में सत्यदेव परिव्राजक ने कहाँ से कहाँ तक की यात्रा का विवरण प्रस्तुत किया है ?

(अ) दिल्ली से हिमालय (ब) कन्याकुमारी से हिमालय
(स) काठगोदाम से तिब्बत (द) दिल्ली से तिब्बत

उत्तर के लिए कृपया पृष्ठ सं. 155 व 156 देखें।

655. यायावरों के मार्ग निर्देशन के लिए राहुल सांकृत्यायन ने किस पुस्तक की रचना की है?

(अ) राहुल यात्रावली (ब) यात्रा के पन्ने
(स) घुमक्कड़शास्त्र (द) किन्नर देश में

656. 'अरे यायावर! रहेगा याद' किसकी रचना है?

(अ) अज्ञेय (ब) राहुल सांकृत्यायन
(स) नागार्जुन (द) शंकरदयाल सिंह

657. यात्रावृत्त के लेखक के रूप में इनमें से कौन प्रसिद्ध है?

(अ) राजेंद्र यादव (ब) उषा प्रियंवदा
(स) नामवर सिंह (द) अज्ञेय

658. 'उड़ते चलो, उड़ते चलो' किसकी रचना है?

(अ) रामवृक्ष बेनीपुरी (ब) राहुल सांकृत्यायन
(स) मोहन राकेश (द) विद्यानिवास मिश्र

659. इनमें से कौन सी रचना राहुल सांकृत्यायन द्वारा नहीं लिखी गई है?

(अ) मेरी लद्दाख यात्रा (ब) रूस में पच्चीस मास
(स) पैरों में पंख बाँधकर (द) यात्रा के पन्ने

660. 'जय अमरनाथ' यात्रावृत्त का लेखक कौन है?

(अ) सुमित्रानंदन पंत (ब) महादेवी वर्मा
(स) रामवृक्ष बेनीपुरी (द) यशपाल जैन

661. इन यात्रा संस्मरणों में निर्मल वर्मा की रचना कौन सी है?

(अ) गोरी नजरों में हम (ब) सागर की लहरों पर
(स) चीड़ों पर चाँदनी (द) स्मृति के अंकुर

662. विष्णु प्रभाकर का यात्रावृत्त इनमें से किस शीर्षक से प्रकाशित हुआ?

(अ) हँसते निर्झर दहकती भट्ठी (ब) मेरी यात्राएँ
(स) आवारे की यूरोप यात्रा (द) देश-विदेश

663. 'किन्नर देश में' यात्रावृत्त किसका है?

(अ) मोहन राकेश (ब) रामवृक्ष बेनीपुरी
(स) राहुल सांकृत्यायन (द) अज्ञेय

उत्तर के लिए कृपया पृष्ठ सं. 156 देखें।

664. यात्रा साहित्य इनमें से किसने नहीं लिखा?

(अ) अज्ञेय (ब) मोहन राकेश

(स) निर्मल वर्मा (द) श्रीकांत वर्मा

665. 'एक बूँद सहसा उछली' का लेखक कौन है?

(अ) धर्मवीर भारती (ब) अज्ञेय

(स) दिनकर (द) अजित कुमार

666. इनमें से कौन सी रचना धर्मवीर भारती की है?

(अ) ठेले पर हिमालय (ब) युद्धयात्रा

(स) सागर की लहरों पर (द) गोरी नजरों में हम

667. 'सफरी झोले में' किसकी रचना है?

(अ) सुमित्रानंदन पंत (ब) अज्ञेय

(स) धर्मवीर भारती (द) अजित कुमार

668. 'पैरों में पंख बाँधकर' किसकी रचना है?

(अ) राहुल सांकृत्यायन (ब) निर्मल वर्मा

(स) रामवृक्ष बेनीपुरी (द) सुमित्रानंदन पंत

669. मोहन राकेश का यात्रावृत्त किस शीर्षक से प्रकाशित हुआ?

(अ) तंत्रलोक से यंत्रलोक तक (ब) पृथ्वी-प्रदक्षिणा

(स) सुबह के रंग (द) आखिरी चट्टान तक

☐

उत्तर के लिए कृपया पृष्ठ सं. 156 देखें।

11

रिपोर्ताज

670. 'रिपोर्ताज' किस भाषा का शब्द है ?
    (अ) रूसी (ब) फ्रांसीसी
    (स) जर्मन (द) अंग्रेजी

671. हिंदी में रिपोर्ताज लेखन की परंपरा किसने शुरू की ?
    (अ) शिवदान सिंह चौहान (ब) रांगेय राघव
    (स) उपेंद्रनाथ 'अश्क' (द) धर्मवीर भारती

672. हिंदी का पहला रिपोर्ताज कौन सा है ?
    (अ) वे लड़ेंगे हजार साल (ब) बंगाल का अकाल
    (स) बाढ़ ! बाढ़ !! बाढ़ !!! (द) लक्ष्मीपुरा

673. बंगाल के अकाल पर किसने मार्मिक और सशक्त रिपोर्ताज लिखे ?
    (अ) शिवदान सिंह चौहान (ब) उपेंद्रनाथ 'अश्क'
    (स) रांगेय राघव (द) महादेवी वर्मा

674. 'पहाड़ों में प्रेममय संगीत' किसकी रचना है ?
    (अ) उपेंद्रनाथ 'अश्क' (ब) नरेश मेहता
    (स) सुमित्रानंदन पंत (द) महादेवी वर्मा

675. हिंदी का पहला रिपोर्ताज किस पत्रिका में प्रकाशित हुआ ?
    (अ) प्रभा (ब) हंस
    (स) रूपाभ (द) समालोचक

उत्तर के लिए कृपया पृष्ठ सं. 156 देखें।

676. रांगेय राघव द्वारा लिखे गए रिपोर्ताज इनमें से किस पुस्तक में संकलित हुए?

(अ) खून के छींटे (ब) बंगाल का अकाल

(स) धरती के लिए (द) तूफानों के बीच

677. इनमें से कौन रिपोर्ताज-लेखक नहीं है?

(अ) नगेंद्र (ब) अज्ञेय

(स) धर्मवीर भारती (द) निर्मल वर्मा

678. 'प्लॉट का मोरचा' रिपोर्ताज किसने लिखा है?

(अ) कमलेश्वर (ब) फणीश्वरनाथ 'रेणु'

(स) रामनारायण उपाध्याय (द) शमशेर बहादुर सिंह

679. इनमें से धर्मवीर भारती की रचना कौन सी है?

(अ) युद्ध-यात्रा (ब) क्या हमने कोई षड्यंत्र रचा था

(स) स्वराज्य भवन (द) प्राग : एक स्वप्न

680. बंगाल के अकाल पर लिखे रांगेय राघव के अधिकतर रिपोर्ताज किस पत्र में प्रकाशित हुए?

(अ) निकष (ब) आलोचना

(स) विशाल भारत (द) समालोचक

681. रिपोर्ताज विधा का प्रादुर्भाव किस युद्ध के समय हुआ था?

(अ) प्रथम विश्वयुद्ध (ब) भारत-चीन युद्ध

(स) द्वितीय विश्वयुद्ध (द) भारत-पाकिस्तान युद्ध

682. 'अपोलो का रथ' किसकी रचना है?

(अ) श्रीकांत वर्मा (ब) अज्ञेय

(स) कमलेश्वर (द) निर्मल वर्मा

683. किस रूसी साहित्यकार ने रिपोर्ताज विधा का प्रचार-प्रसार किया?

(अ) टॉलस्टॉय (ब) इलिया एहरेनबुर्ग

(स) दोस्तोयवस्की (द) चेखव

684. 'एकलव्य के नोट्स' किसकी रचना है?

(अ) विवेकी राय (ब) रांगेय राघव

(स) फणीश्वरनाथ 'रेणु' (द) शमशेर बहादुर सिंह ☐

उत्तर के लिए कृपया पृष्ठ सं. 156 देखें।

12

साक्षात्कार और पत्र-साहित्य

685. हिंदी गद्य में साक्षात्कार विधा का प्रवर्तन किसने किया?

(अ) संपूर्णानंद (ब) बनारसीदास चतुर्वेदी

(स) जगदीश प्रसाद चतुर्वेदी (द) डॉ. सत्येंद्र

686. साक्षात्कार विधा की प्रथम स्वतंत्र पुस्तक कौन सी है?

(अ) कवि-दर्शन (ब) मैं इनसे मिला

(स) समय और हम (द) सृजन की मनोभूमि

687. 'प्रेमचंदजी के साथ दो दिन' रचना किसकी है?

(अ) बनारसीदास चतुर्वेदी (ब) बेनीमाधव शर्मा

(स) दिनकर (द) शिवदान सिंह चौहान

688. किस पत्रिका में 'हम इनसे मिले थे' शीर्षक स्थायी स्तंभ के अंतर्गत साक्षात्कार प्रकाशित हुए?

(अ) सारिका (ब) धर्मयुग

(स) साप्ताहिक हिंदुस्तान (द) नई धारा

689. 'इन खतों से खुशबू आती है' पत्र संग्रह में संगृहीत पत्र किसके नाम से हैं?

(अ) अज्ञेय (ब) विद्यानिवास मिश्र

(स) कुबेरनाथ राय (द) शंकरदयाल सिंह

690. अंग्रेजी में लिखित पत्र-संग्रह 'पिता के पत्र पुत्री के नाम' में किसके

उत्तर के लिए कृपया पृष्ठ सं. 156 देखें।

पत्र संकलित हैं ?

(अ) महात्मा गांधी (ब) राजेंद्र प्रसाद

(स) जवाहरलाल नेहरू (द) पुरुषोत्तमदास टंडन

691. औरंगजेब के ऐतिहासिक पत्रों का संकलन किस शीर्षक से हुआ ?

(अ) औरंगजेब के पत्र (ब) जहाँपनाह के पत्र

(स) आलमगीर के पत्र (द) औरंगजेब पत्रावली

692. 'पिता के पत्र पुत्री के नाम' का हिंदी अनुवाद किसने किया था ?

(अ) प्रेमचंद (ब) हरिवंशराय बच्चन

(स) जयशंकर प्रसाद (द) सुमित्रानंदन पंत

693. 'पत्रांजलि' का संपादन किसने किया था ?

(अ) सतीशचंद्र (ब) महात्मा मुंशीराम

(स) भगवद्दत्त (द) शांतिप्रिय आत्माराम

694. हिंदी साहित्य में प्रकाशित प्रथम पत्र-संग्रह में किससे संबंधित पत्र प्रकाशित हुए ?

(अ) जवाहरलाल नेहरू (ब) स्वामी विवेकानंद

(स) स्वामी दयानंद सरस्वती (द) सुभाषचंद्र बोस

695. निराला के पत्रों का संपादन किसने किया है ?

(अ) जानकीवल्लभ शास्त्री (ब) सुमित्रानंदन पंत

(स) धीरेंद्र वर्मा (द) रामकुमार वर्मा

696. दो भागों में प्रकाशित 'चिट्ठी-पत्री' में किस रचनाकार के पत्र संगृहीत हैं ?

(अ) काका कालेलकर (ब) हरिवंशराय बच्चन

(स) बनारसीदास चतुर्वेदी (द) प्रेमचंद

697. 'फाइल और प्रोफाइल' पत्र-संग्रह का संपादन किसने किया है ?

(अ) सुमित्रानंदन पंत (ब) पांडेय बेचन शर्मा 'उग्र'

(स) अमृत राय (द) काका कालेलकर

698. 'पंत के दो सौ पत्र बच्चन के नाभ' नामक पत्र-संग्रह के संपादक कौन हैं ?

उत्तर के लिए कृपया पृष्ठ सं. 156 देखें।

(अ) हरिवंशराय बच्चन (ब) सुमित्रानंदन पंत

(स) शांति जोशी (द) शचीरानी गुर्टू

699. काका कालेलकर द्वारा संपादित पत्र-संकलन कौन सा है ?

(अ) बापू के पत्र (ब) पत्रांजलि

(स) हिंदी पत्र (द) लंदन के पत्र

700. 'बड़ों के प्रेरणादायक कुछ पत्र' शीर्षक से पत्रों का संपादन किसने किया ?

(अ) धीरेंद्र वर्मा (ब) वियोगी हरि

(स) लक्ष्मीसागर वार्ष्णेय (द) बनारसीदास चतुर्वेदी

701. सुभाषचंद्र बोस द्वारा लिखे गए पत्रों का संग्रह किस नाम से प्रकाशित हुआ है ?

(अ) पत्रावली (ब) पत्रांजलि

(स) चिट्ठी-पत्री (द) यूरोप के पत्र

□

उत्तर के लिए कृपया पृष्ठ सं. 156 देखें।

13

काव्यशास्त्र

702. भारतीय काव्यशास्त्रीय परंपरा का सूत्रपात ईसा पूर्व द्वितीय शताब्दी में किस ग्रंथ से हुआ?

(अ) नाट्यशास्त्र (ब) काव्य-मीमांसा

(स) काव्य-दर्पण (द) काव्य-प्रकाश

703. 'रमणीयार्थ प्रतिपादकः शब्दः काव्यम्'—यह पंक्ति किस आचार्य की है?

(अ) मम्मट (ब) भरत

(स) दंडी (द) जगन्नाथ

704. 'वाक्यं रसात्मकं काव्यम्' किसकी उक्ति है?

(अ) अभिनव गुप्त (ब) विश्वनाथ

(स) भट्टनायक (द) भट्टलोल्लट

705. काव्यशास्त्र का प्रथम आचार्य किसे माना जाता है?

(अ) वामन (ब) मम्मट

(स) अभिनव गुप्त (द) भरत मुनि

706. 'कीरति भणिति भूति भलि सोई। सुरसरि सम सब कहँ हित होई॥' काव्य-प्रयोजन के संदर्भ में कही गई यह उक्ति किस रचनाकार की है?

(अ) कबीरदास (ब) सूरदास

उत्तर के लिए कृपया पृष्ठ सं. 156 देखें।

(स) तुलसीदास (द) जायसी

707. अलंकार संप्रदाय के प्रवर्तक कौन हैं ?

(अ) दंडी (ब) भरत

(स) मम्मट (द) भामह

708. 'ध्वन्यालोक' की रचना किसने की है ?

(अ) आनंदवर्धन (ब) कुंतम

(स) वामन (द) मम्मट

709. आचार्य आनंदवर्धन ने इनमें से किसे 'काव्यात्मा' स्वीकार किया है ?

(अ) ध्वनि (ब) रस

(स) अलंकार (द) वक्रोक्ति

710. 'विभावानुभावसंचारी संयोगाद्रसनिपत्तिः' रस स्वरूप निर्धारण का यह सूत्र किस आचार्य का है ?

(अ) भामह (ब) मम्मट

(स) अभिनव गुप्त (द) भरत

711. शब्द शक्ति के मुख्यत: कितने भेद स्वीकृत किए गए हैं ?

(अ) तीन (ब) दो

(स) पाँच (द) चार

712. 'साधारणीकरण' के सिद्धांत का प्रवर्तन और उद्‌बोधन किस आचार्य ने किया ?

(अ) अभिनव गुप्त (ब) रामचंद्र शुक्ल

(स) भट्‌टनायक (द) महावीर प्रसाद द्विवेदी

713. 'भावयित्री प्रतिभा' का संबंध इनमें से किससे है ?

(अ) सहृदय (ब) अभिनेता

(स) कवि (द) कृति

714. रति, हास, शोक, क्रोध, भय आदि भावों की गिनती इनमें से किस भाव के अंतर्गत की जाती है ?

(अ) स्थायी भाव (ब) संचारी भाव

(स) अनुभाव (द) विभाव

उत्तर के लिए कृपया पृष्ठ सं. 156 देखें।

715. रस या अनुभूति की स्थिति के स्राजक भाव के मुख्यत: कितने भेद स्वीकृत किए गए हैं?

(अ) तीन (ब) दो
(स) पाँच (द) चार

716. 'प्रज्ञा नवनवोन्मेषशालिनी प्रतिभा मता'—यह पंक्ति किस आचार्य की है?

(अ) राज जगन्नाथ (ब) दंडी
(स) भट्टतौत (द) वामन्

717. 'चित्र-तुरंग-न्याय' पर किस आचार्य का सिद्धांत आधारित था?

(अ) भट्टनायक (ब) वामन
(स) अभिनव गुप्त (द) शंकुक

718. पाश्चात्य काव्यशास्त्र के अंतर्गत किस विद्वान् ने अनुकरण को काव्य हेतु माना है?

(अ) सुकरात (ब) विल्सन
(स) होरेस (द) अरस्तु

719. 'गिरा अर्थ जल बीचि सम कहियत भिन्न न भिन्न' किस कवि की पंक्ति है?

(अ) जायसी (ब) सूरदास
(स) तुलसीदास (द) रहीम

720. भाव-संधि, भाव-शबलता तथा भाव-शांति किस भाव की प्रमुख स्थितियाँ हैं?

(अ) स्थायी भाव (ब) अनुभाव
(स) संचारी भाव (द) विभाव

721. आचार्य रुद्रट ने किस रीति का आविष्कार किया?

(अ) लाटी (ब) वैदर्भी
(स) गौड़ी (द) पांचाली

722. 'काव्यनिर्णय' ग्रंथ की रचना किसने की?

(अ) मम्मट (ब) मतिराम

उत्तर के लिए कृपया पृष्ठ सं. 156 व 157 देखें।

(स) भिखारीदास (द) चिंतामणि

723. काव्यशास्त्र के संप्रदायों में परंपरा से कौन सा संप्रदाय सबसे प्राचीन माना जाता है ?

(अ) अलंकार संप्रदाय (ब) ध्वनि संप्रदाय

(स) रीति संप्रदाय (द) रस संप्रदाय

724. इनमें से कौन 'रस संप्रदाय' का व्याख्याकार नहीं है ?

(अ) क्षेमेंद्र (ब) शंकुक

(स) अभिनव गुप्त (द) भट्टनायक

725. 'रसतरंगिणी' और 'रसमंजरी' ग्रंथों के प्रणेता कौन हैं ?

(अ) जयदेव (ब) अप्पम दीक्षित

(स) भानुदत्त मिश्र (द) विश्वनाथ

726. आचार्य क्षेमेंद्र ने इनमें से किस सिद्धांत का प्रवर्तन किया है ?

(अ) वक्रोक्ति (ब) ध्वनि

(स) रीति (द) औचित्य

727. इनमें से कौन सी रचना आचार्य विश्वनाथ की है ?

(अ) काव्यनिर्णय (ब) काव्यप्रकाश

(स) छंदोमंजरी (द) साहित्य-दर्पण

728. इनमें से कौन सा सिद्धांत आत्मवादी है ?

(अ) रस सिद्धांत (ब) अलंकार सिद्धांत

(स) रीति सिद्धांत (द) वक्रोक्ति

729. 'छंदोमंजरी' ग्रंथ के प्रणेता कौन हैं ?

(अ) भतृ केदार (ब) हेमचंद्र

(स) गंगादास (द) क्षेमेंद्र

730. किस काव्य को 'चित्रकाव्य' भी कहा गया है ?

(अ) उत्तम काव्य (ब) मध्यम काव्य

(स) अधम काव्य (द) सर्वोत्तम काव्य

731. आचार्य मम्मट ने अपने 'काव्यप्रकाश' ग्रंथ में काव्य का कौन सा गुण नहीं गिनाया है ?

उत्तर के लिए कृपया पृष्ठ सं. 157 देखें।

(अ) माधुर्य (ब) ओज
(स) औचित्य (द) प्रसाद

732. भारतीय काव्यशास्त्र के अंतर्गत कितने प्रकार के काव्य-हेतु की चर्चा की गई है?
(अ) दस (ब) चार
(स) तीन (द) दो

733. 'रसगंगाधर' ग्रंथ का रचयिता इनमें से कौन?
(अ) वामन (ब) विश्वनाथ
(स) मम्मट (द) जगन्नाथ

734. सांख्यदर्शन के आधार पर रस निष्पत्ति की व्याख्या इनमें से किस आचार्य ने की है?
(अ) शंकुक (ब) भट्ट लोल्लट
(स) भट्ट नायक (द) अभिनव गुप्त

735. भरतमुनि के अनुसार रसों की संख्या कितनी है?
(अ) चार (ब) पाँच
(स) आठ (द) नौ

736. कवि समय का सर्वप्रथम सम्यक् निरूपण इनमें से किस आचार्य ने किया है?
(अ) राजशेखर (ब) जगन्नाथ
(स) दंडी (द) वामन

737. 'शब्दार्थो सहितौ काव्यम्' इनमें से किसकी उक्ति है?
(अ) मम्मट (ब) दंडी
(स) महिमभट्ट (द) भामह

738. नई समीक्षा आंदोलन में कौन सा पाश्चात्य आलोचक सम्मिलित नहीं है?
(अ) एलेन टेट (ब) जान क्रो रैंसम
(स) विलियम एंपसन (द) प्लेटो

739. पाश्चात्य काव्यशास्त्रीय ग्रंथ 'पेरि इप्सुस' (काव्य में उदात्त तत्त्व) का

उत्तर के लिए कृपया पृष्ठ सं. 157 देखें।

लेखक कौन है ?

(अ) रिचर्ड्स (ब) लोंजाइनस

(स) इलियट (द) अरस्तु

740. 'वक्रोक्ति' को काव्य का जीवन माननेवाले आचार्य इनमें से कौन हैं ?

(अ) वामन (ब) भामह

(स) कुंतक (द) दंडी

741. 'काव्यमीमांसा' की रचना किसने की है ?

(अ) राजशेखर (ब) मम्मट

(स) कुंतक (द) चिंतामणि

742. पाश्चात्य विचारक क्रोचे का काव्यशास्त्रीय सिद्धांत किस नाम से जाना जाता है ?

(अ) बिंबवाद (ब) कलावाद

(स) सौंदर्यवाद (द) अभिव्यंजनावाद

743. भारतीय काव्यशास्त्र में ध्वनि सिद्धांत के अंतर्गत 'ध्वनि' शब्द का प्रयोग किस अर्थ में हुआ है ?

(अ) आवाज (ब) संगीत

(स) नाद (द) व्यंग्य

744. 'जब तक किसी भाव का कोई विषय इस रूप में नहीं लाया जाता कि वह सामान्यत: सबके उसी भाव का आलंबन हो सके तब तक उसमें रसादि बोधन की शक्ति पूर्णतया नहीं आ सकती।' यह कथन किस आलोचक का है ?

(अ) रामचंद्र शुक्ल (ब) श्यामसुंदर दास

(स) केशव प्रसाद मिश्र (द) डॉ. नगेंद्र

745. नाट्यशास्त्र में 'धीर-ललित', 'धीरोदात्त', 'धीर-प्रशांत' आदि किसके प्रकार माने गए हैं ?

(अ) खलनायिका (ब) नाटककार

(स) नायक (द) रचना

उत्तर के लिए कृपया पृष्ठ सं. 157 देखें।

746. क्रोचे के अभिव्यंजनावाद की तुलना भारतीय काव्यशास्त्र के किस सिद्धांत से की गई है ?

(अ) रस सिद्धांत (ब) वक्रोक्ति सिद्धांत

(स) अलंकार सिद्धांत (द) ध्वनि सिद्धांत

747. भारतीय काव्यशास्त्र में प्रतिभा के कितने भेद माने गए हैं ?

(अ) दो (ब) दस

(स) पाँच (द) बारह

748. 'अस्तित्ववाद' के कला संबंधी रूप के पोषक कौन हैं ?

(अ) सार्त्र (ब) मार्क्स

(स) गोर्की (द) लेनिन

749. किस पाश्चात्य आलोचक ने काव्य के मनोवैज्ञानिक मूल्य का सिद्धांत प्रस्तुत किया है ?

(अ) अरस्तु (ब) प्लेटो

(स) सुकरात (द) आई.ए. रिचर्ड्स

□

उत्तर के लिए कृपया पृष्ठ सं. 157 देखें।

14

साहित्यिक पत्रकारिता

750. इनमें से हिंदी का पहला पत्र कौन सा है?

(अ) मार्तंड (ब) उदंत मार्तंड

(स) संवाद कौमुदी (द) बंगाल गजट

751. राजा राममोहन राय ने सन् 1821 में किस पत्रिका का प्रकाशन प्रारंभ किया?

(अ) बंगदूत (ब) संवाद कौमुदी

(स) प्रजाहितैषी (द) जागरण

752. 'उदंत मार्तंड' किस प्रकार का पत्र था?

(अ) पाक्षिक (ब) दैनिक

(स) साप्ताहिक (द) मासिक

753. 'कविवचनसुधा' पत्रिका का प्रकाशन किस साहित्यकार ने आरंभ किया?

(अ) बालकृष्ण भट्ट (ब) प्रतापनारायण मिश्र

(स) बालमुकुंद गुप्त (द) भारतेंदु हरिश्चंद्र

754. 'बनारस अखबार' के संपादक कौन थे?

(अ) राजा शिवप्रसाद 'सितारेहिंद' (ब) राजा लक्ष्मण सिंह

(स) लल्लू लाल (द) भारतेंदु हरिश्चंद्र

755. 'कर्म है अपना जीवन प्राण, कर्म पर हो जाओ बलिदान'—यह पंक्ति

उत्तर के लिए कृपया पृष्ठ सं. 157 देखें।

किस पत्र का संपादकीय आदर्श थी?

(अ) हिंदी नवजीवन (ब) अभ्युदय

(स) कर्मवीर (द) जागरण

756. गांधीजी द्वारा संपादित किस साप्ताहिक समाचार-पत्र का गुजराती संस्करण 'नवजीवन' नाम से प्रकाशित किया गया?

(अ) यंग इंडिया (ब) हरिजन

(स) इंडियन ओपीनियन (द) हरिजन सेवक

757. 'मतवाला' पत्र का प्रकाशन कहाँ से हुआ?

(अ) इलाहाबाद (ब) कलकत्ता

(स) बनारस (द) कानपुर

758. 'उदंत मार्तंड' के प्रथम संपादक कौन थे?

(अ) राजा राममोहन राय (ब) राजा लक्ष्मण सिंह

(स) श्यामसुंदर जैन (द) जुगुल किशोर सुकुल

759. बालमुकुंद गुप्त ने इनमें से किस पत्र का संपादन नहीं किया?

(अ) अखबारे चुनार (ब) कोहेनूर

(स) भारत मित्र (द) ब्राह्मण

760. 'हिंदी प्रदीप' पत्र का संपादक कौन था?

(अ) बालमुकुंद गुप्त (ब) प्रतापनारायण मिश्र

(स) प्रेमघन (द) बालकृष्ण भट्ट

761. 'चलती चक्की', 'चंडूखाने की गप' तथा 'रंगरूटों की फौज' किस पत्र के स्थायी स्तंभ थे?

(अ) बनारस अखबार (ब) अखबारे चुनार

(स) मतवाला (द) बंगदूत

762. प्रारंभ में 'सरस्वती' पत्रिका का संपादन कहाँ से होता था?

(अ) लखनऊ (ब) इलाहाबाद

(स) कानपुर (द) काशी

763. 'रूपाभ' पत्र का संपादक कौन था?

(अ) जयशंकर प्रसाद (ब) सुमित्रानंदन पंत

उत्तर के लिए कृपया पृष्ठ सं. 157 देखें।

(स) मुकुटधर पांडेय (द) प्रेमचंद

764. आचार्य महावीर प्रसाद द्विवेदी ने किस पत्रिका के माध्यम से हिंदी गद्य को परिष्कृत और परिमार्जित किया?

(अ) सरस्वती (ब) अभ्युदय

(स) सुदर्शन (द) प्रभा

765. गणेशशंकर विद्यार्थी ने किस पत्र का संपादन किंया?

(अ) प्रताप (ब) कर्मवीर

(स) मर्यादा (द) सुदर्शन

766. निराला द्वारा संपादित पत्रिका कौन सी थी?

(अ) जागरण (ब) माधुरी

(स) समन्वय (द) हिंदी प्रदीप

767. 'अभ्युदय' के संपादक कौन थे?

(अ) भारतेंदु हरिश्चंद्र (ब) बालमुकुंद गुप्त

(स) नंददुलारे वाजपेयी (द) मदनमोहन मालवीय

768. 'खींचो न कमानों को, न तलवार निकालो, जब तोप मुकाबिल हो तो अखबार निकालो।' यह पंक्ति किस पत्र के दूसरे पृष्ठ पर छपती थी?

(अ) कर्मवीर (ब) मतवाला

(स) अभ्युदय (द) जागरण

769. 'इंदु' पत्रिका के संपादक इनमें से कौन थे?

(अ) अंबिका प्रसाद गुप्त (ब) बाबू गुलाबराय

(स) चंद्रधर शर्मा 'गुलेरी' (द) श्रीराम शर्मा

770. चंद्रधर शर्मा 'गुलेरी' ने इनमें से किस पत्र का संपादन किया?

(अ) विशाल भारत (ब) समालोचक

(स) साहित्य-संदेश (द) द्वंद्व

771. पं. जवाहरलाल नेहरू किस दैनिक समाचार-पत्र के संस्थापक और निदेशक मंडल के अध्यक्ष थे?

(अ) टाइम्स ऑफ इंडिया (ब) हिंदू

उत्तर के लिए कृपया पृष्ठ सं. 157 देखें।

(स) हिंदुस्तान टाइम्स (द) नेशनल हेराल्ड

772. 'बालबोधिनी' कैसी पत्रिका थी?
(अ) साहित्यिक पत्रिका (ब) बाल पत्रिका
(स) युवा पत्रिका (द) महिला पत्रिका

773. इनमें से किस पत्रिका का संपादन प्रेमचंद ने नहीं किया?
(अ) माधुरी (ब) रूपाभ
(स) हंस (द) जागरण

774. इनमें से किस पत्र ने हिंदी के पहले व्यंग्य पत्र के रूप में लोकप्रियता प्राप्त की?
(अ) मतवाला (ब) मौजी
(स) अखबारे चुनार (द) मनोरंजन

775. इनमें से शोध पत्रिका कौन सी है?
(अ) पूर्वग्रह (ब) धर्मयुग
(स) कहानी (द) नागरी प्रचारिणी पत्रिका

776. इनमें से कौन सा शब्द पत्रकारिता से संबंधित नहीं है?
(अ) अंक (ब) मुद्रण
(स) विज्ञापन (द) मुक्त

777. 'लज्जा रखने को हिंदू भी, हिंदू नाम बचाने को।
आया हिंदू पंच हिंद में, हिंदू जाति जगाने को॥'
ये पंक्तियाँ किस पत्र का आदर्श थीं?
(अ) पंच हिंदू (ब) हिंदी नवजीवन
(स) हिंदू (द) हिंदू पंच

778. प्रथम हिंदी पत्र 'उदंत मार्तंड' का प्रकाशन कब शुरू हुआ?
(अ) 30 मई, 1826 (ब) 30 मई, 1829
(स) 1 मई, 1826 (द) 1 मई, 1829

779. इनमें से कौन सी पत्रिका साहित्यिक थी?
(अ) वामा (ब) गंगा
(स) समाज कल्याण (द) क, ख, ग

उत्तर के लिए कृपया पृष्ठ सं. 157 देखें।

780. गांधी जी द्वारा किस पत्र का नाम 'हरिजन' रखा गया?

(अ) हिंदी नवजीवन (ब) हिंदू

(स) पंच हिंदू (द) हरिजन सेवक

781. 'उदंत मार्तंड' का प्रकाशन कब बंद हुआ?

(अ) 1830 ई. (ब) 1850 ई.

(स) 1828 ई. (द) 1827 ई.

782. 'कविवचनसुधा' पत्र कहाँ से प्रकाशित हुआ?

(अ) काशी (ब) इलाहाबाद

(स) कलकत्ता (द) आगरा

783. बाबूराव विष्णु पराड़कर ने किस पत्र के माध्यम से पत्रकारिता के क्षेत्र में प्रवेश किया?

(अ) हितवार्त्ता (ब) भारत मित्र

(स) हिंदी बंगवासी (द) आज

784. मराठी भाषा में सन् 1881 से प्रारंभ हुए 'केसरी' पत्र के संपादक कौन थे?

(अ) बाबूराव विष्णु पराड़कर (ब) काका कालेलकर

(स) गणेशशंकर विद्यार्थी (द) लोकमान्य तिलक

785. माखनलाल चतुर्वेदी इनमें से किस पत्र के संपादन से संबद्ध नहीं थे?

(अ) प्रताप (ब) प्रभा

(स) मतवाला (द) कर्मवीर

786. साहित्य अकादमी (दिल्ली) से प्रकाशित होनेवाली पत्रिका इनमें से कौन सी है?

(अ) इंद्रप्रस्थ भारती (ब) गगनांचल

(स) साहित्य अमृत (द) समकालीन साहित्य

787. इनमें से कौन रचनाकार 'मतवाला मंडल' में सम्मिलित नहीं थे?

(अ) निराला (ब) शिवपूजन सहाय

(स) प्रेमचंद (द) पांडेय बेचन शर्मा 'उग्र'

788. इनमें से किस पत्रिका का प्रकाशन बंद हो गया है?

उत्तर के लिए कृपया पृष्ठ सं. 157 व 158 देखें।

(अ) धर्मयुग (ब) नंदन
(स) मनोरमा (द) हंस

789. अंबिका प्रसाद वाजपेयी द्वारा प्रकाशित-संपादित 'नृसिंह' किस प्रकार की पत्रिका थी ?
(अ) साहित्यिक पत्रिका (ब) व्यंग्य पत्रिका
(स) राजनीतिक पत्रिका (द) बाल पत्रिका

790. गांधीजी ने हिंदी, अंग्रेजी, तमिल, गुजराती—इन चार भाषाओं में से किस साप्ताहिक पत्र का प्रकाशन शुरू किया ?
(अ) यंग इंडिया (ब) नवजीवन
(स) हरिजन (द) इंडियन ओपीनियन

791. सन् 1947 में अज्ञेय ने देश की स्वाधीन साहित्यिक चेतना के प्रतीक रूप में किस पत्र का संपादन किया ?
(अ) सैनिक (ब) दिनमान
(स) भारतमित्र (द) प्रतीक

792. प्रेमचंद द्वारा संपादित कौन सा पत्र प्रगतिशील लेखक संघ का मुख-पत्र बना ?
(अ) हंस (ब) माधुरी
(स) जागरण (द) सुधा

793. अज्ञेय ने इनमें से किस पत्र का संपादन नहीं किया ?
(अ) दिनमान (ब) नवभारत टाइम्स
(स) सैनिक (द) भारतमित्र

794. 'सारिका' में समांतर कहानी विशेषांक की कितनी शृंखलाएँ प्रकाशित हुईं ?
(अ) दो (ब) चार
(स) दस (द) पाँच

795. हिंदी अकादमी (दिल्ली) से प्रकाशित होनेवाली त्रैमासिक साहित्यिक पत्रिका कौन सी है ?
(अ) गगनांचल (ब) समकालीन साहित्य

उत्तर के लिए कृपया पृष्ठ सं. 158 देखें।

(स) नवरंग (द) इंद्रप्रस्थ भारती

796. निम्नलिखित में से कहानी पत्रिका कौन सी है?

(अ) सारिका (ब) धर्मयुग

(स) नवनीत (द) कादंबिनी

797. इनमें से कौन 'नवभारत टाइम्स' का संपादक नहीं रहा है?

(अ) अज्ञेय (ब) राजेंद्र माथुर

(स) कमलेश्वर (द) विद्यानिवास मिश्र

798. अशोक वाजपेयी ने इनमें से किस पत्रिका का संपादन किया है?

(अ) पहल (ब) दिनमान

(स) पूर्वग्रह (द) सारिका

799. निम्नलिखित साहित्यकारों में से किसने 'धर्मयुग' का संपादन किया है?

(अ) धर्मवीर भारती (ब) लक्ष्मीकांत वर्मा

(स) सुमित्रानंदन पंत (द) नरेश मेहता

☐

उत्तर के लिए कृपया पृष्ठ सं. 158 देखें।

15

संस्थाएँ

800. महादेवी वर्मा ने हिंदी के प्रचार-प्रसार के लिए इनमें से किस संस्था की स्थापना प्रयाग में की?
(अ) साहित्य सभा (ब) साहित्यकार संसद्
(स) साहित्य-संगम (द) साहित्यिकी

801. साहित्य अकादमी का पहला अध्यक्ष कौन था?
(अ) कृष्ण कृपलानीं (ब) राधाकृष्णन
(स) जवाहरलाल नेहरू (द) राजेंद्र प्रसाद

802. दक्षिण भारत हिंदी प्रचार-सभा के संस्थापक कौन थे?
(अ) राजेंद्र प्रसाद (ब) महात्मा गांधी
(स) चक्रवर्ती राजगोपालाचारी (द) पट्टाभि सीतारामय्या

803. नागरी प्रचारिणी सभा की स्थापना कब हुई थी?
(अ) 1893 ई. (ब) 1855 ई.
(स) 1947 ई. (द) 1950 ई.

804. अखिल भारतीय हिंदी साहित्य सम्मेलन की स्थापना कहाँ हुई?
(अ) प्रयाग (ब) काशी
(स) दिल्ली (द) लखनऊ

805. 'थियोसॉफिकल सोसाइटी' की स्थापना कब हुई?
(अ) 1875 ई. (ब) 1850 ई.

उत्तर के लिए कृपया पृष्ठ सं. 158 देखें।

(स) 1880 ई. (द) 1900 ई.

806. साहित्य अकादमी की स्थापना कब की गई?
(अ) 1948 ई. (ब) 1950 ई.
(स) 1947 ई. (द) 1953 ई.

807. 'परिमल' किसकी संस्था थी?
(अ) कवियों की (ब) कहानीकारों की
(स) लेखिकाओं की (द) नए लेखकों की

808. दक्षिण भारत की प्रमुख हिंदी संस्था कौन सी है?
(अ) हिंदी भाषा मंच (ब) गांधी स्मारक संस्थान
(स) दक्षिण भारत हिंदी प्रचार सभा (द) दक्षिण साहित्य परिषद्

809. प्रगतिशील लेखक संघ की स्थापना कब हुई?
(अ) 1936 ई. (ब) 1920 ई.
(स) 1942 ई. (द) 1930 ई.

810. अखिल भारतीय हिंदी साहित्य सम्मेलन की स्थापना कब की गई?
(अ) 1911 ई. (ब) 1900 ई.
(स) 1909 ई. (द) 1910 ई.

811. दक्षिण भारत हिंदी प्रचार सभा का केंद्रीय कार्यालय कहाँ है?
(अ) एर्नाकुलम (ब) धारवाड़
(स) चेन्नई (द) हैदराबाद

812. हिंदी साहित्य परिषद् के प्रथम अध्यक्ष कौन थे?
(अ) पुरुषोत्तम दास टंडन (ब) मदनमोहन मालवीय
(स) श्रीनारायण चतुर्वेदी (द) बनारसीदास चतुर्वेदी

813. अखिल भारतीय हिंदी साहित्य सम्मेलन के प्रथम सभापति कौन थे?
(अ) महात्मा गांधी (ब) पुरुषोत्तम दास टंडन
(स) राजेंद्र प्रसाद (द) मदनमोहन मालवीय

814. महात्मा गांधी हिंदी साहित्य सम्मेलन के सभापति कब बने?
(अ) 1936 ई. (ब) 1918 ई.
(स) 1920 ई. (द) 1947 ई.

उत्तर के लिए कृपया पृष्ठ सं. 158 देखें।

815. प्रगतिशील लेखक संघ के प्रथम सभापति कौन थे ?

(अ) भैरव प्रसाद गुप्त (ब) यशपाल

(स) प्रेमचंद (द) श्रीपत राय

816. 'सरस्वती' पत्रिका के संस्थापक कौन थे ?

(अ) प्रेमचंद (ब) चिंतामणि घोष

(स) श्रीनारायण चतुर्वेदी (द) महावीर प्रसाद द्विवेदी

817. 'काशी सार्वजनिक सभा' तथा 'कवितावर्द्धिनी' संस्थाओं की स्थापना किसने की ?

(अ) भारतेंदु हरिश्चंद्र (ब) मैथिलीशरण गुप्त

(स) श्रीधर पाठक (द) सियारामशरण गुप्त

818. 'प्रगतिशील लेखक संघ' का प्रथम अधिवेशन कहाँ हुआ ?

(अ) लखनऊ (ब) बनारस

(स) पटना (द) इलाहाबाद

819. 'राष्ट्रीय नाटक अकादमी' की स्थापना कब की गई ?

(अ) 1953 ई. (ब) 1950 ई.

(स) 1947 ई. (द) 1959 ई.

□

उत्तर के लिए कृपया पृष्ठ सं. 158 देखें।

16

पुरस्कार

820. महादेवी वर्मा को उनकी किस कृति पर 'भारतीय ज्ञानपीठ' पुरस्कार मिला ?

(अ) रश्मि (ब) सांध्य गीत

(स) यामा (द) नीहार

821. सुमित्रानंदन पंत को 'चिदंबरा' पर कौन सा पुरस्कार प्रदान किया गया ?

(अ) ज्ञानपीठ पुरस्कार (ब) साहित्य अकादमी

(स) व्यास सम्मान (द) हिंदी अकादमी, दिल्ली

822. रामधारी सिंह 'दिनकर' को 'उर्वशी' पर किस वर्ष 'भारतीय ज्ञानपीठ पुरस्कार' मिला ?

(अ) 1968 ई. (ब) 1980 ई.

(स) 1969 ई. (द) 1972 ई.

823. हिंदी के किस कवि को 'भारतीय ज्ञानपीठ पुरस्कार' सबसे पहले मिला ?

(अ) मैथिलीशरण गुप्त (ब) माखनलाल चतुर्वेदी

(स) गयाप्रसाद शुक्ल 'सनेही' (द) सुमित्रानंदन पंत

824. धर्मवीर भारती को किस कृति पर 'व्यास सम्मान' दिया गया ?

(अ) सपना अभी भी (ब) ठंडा नोहार

उत्तर के लिए कृपया पृष्ठ सं. 158 देखें।

(स) कनुप्रिया (द) सात गीत वर्ष

825. इनमें से कौन सा रचनाकार उत्तर प्रदेश हिंदी संस्थान के 'भारत भारती सम्मान' से अलंकृत है ?

(अ) धीरेंद्र वर्मा (ब) अज्ञेय

(स) कामिल बुल्के (द) शैलेश मटियानी

826. इनमें से 'सरस्वती सम्मान' किस साहित्यकार को प्राप्त हुआ है ?

(अ) रामविलास शर्मा (ब) गिरिजा कुमार माथुर

(स) शिवप्रसाद सिंह (द) हरिवंशराय बच्चन

827. इनमें से कौन सी कृति साहित्य अकादमी द्वारा पुरस्कृत नहीं है ?

(अ) नीला चाँद (ब) कितनी नावों में कितनी बार

(स) अकाल में सारस (द) आँगन के पार द्वार

828. हिंदी कविता के लिए साहित्य अकादमी का पुरस्कार किस कवि को नहीं मिला ?

(अ) नागार्जुन (ब) माखनलाल चतुर्वेदी

(स) सुमित्रानंदन पंत (द) अज्ञेय

829. नरेश मेहता को उनकी किस कृति पर 'भारतीय ज्ञानपीठ पुरस्कार' मिला ?

(अ) संशय की एक रात (ब) मेरा समर्पित एकांत

(स) बोलने दो चीड़ को (द) संपूर्ण साहित्य

830. हिंदी के किस कथाकार को 'साहित्य अकादमी पुरस्कार' पहले मिला ?

(अ) भगवतीचरण वर्मा (ब) अमृत राय

(स) अमृतलाल नागर (द) जैनेंद्र कुमार

831. भीष्म साहनी को उनकी किस कृति पर 'साहित्य अकादमी पुरस्कार' प्रदान किया गया ?

(अ) पटरियाँ (ब) भटकती राख

(स) वाँग चू (द) तमस

832. उत्तर प्रदेश हिंदी संस्थान का 'भारत भारती सम्मान' किसने ग्रहण नहीं किया ?

उत्तर के लिए कृपया पृष्ठ सं. 158 देखें।

(अ) महादेवी वर्मा (ब) अज्ञेय

(स) रामविलास शर्मा (द) श्रीनारायण चतुर्वेदी

833. सुरेंद्र वर्मा को 'मुझे चाँद चाहिए' उपन्यास पर कौन सा सम्मान मिला है?

(अ) ज्ञानपीठ पुरस्कार (ब) व्यास सम्मान

(स) साहित्य अकादमी (द) कोई नहीं

834. उत्तर प्रदेश हिंदी संस्थान का सन् 1998 का 'लोहिया साहित्य सम्मान' किस साहित्यकार को प्रदान किया गया?

(अ) यशपाल जैन (ब) जगदीश गुप्त

(स) विजयेंद्र स्नातक (द) विष्णुकांत शास्त्री

835. सन् 1969 में श्रीलाल शुक्ल को किस कृति पर 'साहित्य अकादमी पुरस्कार' प्रदान किया गया?

(अ) सीमाएँ टूटती हैं (ब) आदमी का जहर

(स) राग दरबारी (द) अज्ञातवास

836. 'निराला की साहित्य-साधना' पर रामविलास शर्मा को कौन सा पुरस्कार मिला है?

(अ) भारत भारती सम्मान (ब) साहित्य अकादमी सम्मान

(स) व्यास सम्मान (द) लोहिया सम्मान

837. अज्ञेय को किस कृति पर 'भारतीय ज्ञानपीठ पुरस्कार' मिला?

(अ) क्योंकि मैं उसे जानता हूँ (ब) बावरा अहेरी

(स) महावृक्ष के नीचे (द) कितनी नावों में कितनी बार

838. सन् 1993 में 'व्यास सम्मान' किस लेखक को मिला?

(अ) शिवप्रसाद सिंह (ब) गिरिजा कुमार माथुर

(स) नरेश मेहता (द) नामवर सिंह

839. रामधारी सिंह 'दिनकर' को किस रचना पर 'साहित्य अकादमी पुरस्कार' मिला?

(अ) उर्वशी (ब) संस्कृति के चार अध्याय

(स) कुरुक्षेत्र (द) दिल्ली

उत्तर के लिए कृपया पृष्ठ सं. 158 देखें।

840. माखनलाल चतुर्वेदी को किस रचना पर 'साहित्य अकादमी पुरस्कार' मिला?

(अ) हिमकिरीटनी (ब) माता

(स) हिमतरंगिनी (द) किसी पर नहीं

841. डॉ. विद्यानिवास मिश्र को किस वर्ष उत्तर प्रदेश हिंदी संस्थान के 'भारत भारती सम्मान' से अलंकृत किया गया?

(अ) 1997 ई. (ब) 1991 ई.

(स) 1992 ई. (द) 1995 ई.

842. इनमें से किसे प्रथम बार 'भारत भारती सम्मान' प्रदान किया गया?

(अ) अज्ञेय (ब) जैनेंद्र कुमार

(स) महादेवी वर्मा (द) रामकुमार वर्मा

843. सन् 1995 का 'भारतीय ज्ञानपीठ पुरस्कार' किस भाषा के साहित्यकार को प्रदान किया गया?

(अ) हिंदी (ब) मराठी

(स) मलयालम (द) कन्नड़

844. कुँवर नारायण को उनकी किस कृति पर 'व्यास सम्मान' प्रदान किया गया?

(अ) आमने-सामने (ब) कोई दूसरा नहीं

(स) हम-तुम (द) आत्मजयी

845. सन् 1994 का 'मूर्तिदेवी पुरस्कार' किस भाषा के लेखक को प्रदान किया गया?

(अ) हिंदी (ब) मराठी

(स) तमिल (द) कन्नड़

846. विष्णु प्रभाकर को किस कृति पर 'साहित्य अकादमी पुरस्कार' मिला?

(अ) अर्द्धनारीश्वर (ब) तट के बंधन

(स) स्वप्नमयी (द) निशिकांत

847. सन् 1992 का 'भारतीय ज्ञानपीठ पुरस्कार' किस भाषा के लेखक को मिला?

उत्तर के लिए कृपया पृष्ठ सं. 158 देखें।

(अ) हिंदी (ब) बँगला

(स) तमिल (द) मराठी

848. सन् 1997 का 'साहित्य अकादमी पुरस्कार' हिंदी में किस कवि को मिला ?

(अ) कृष्णा सोबती (ब) शिवमंगल सिंह 'सुमन'

(स) विष्णु प्रभाकर (द) लीलाधर जगूड़ी

849. श्रीलाल शुक्ल को उनकी किस कृति पर 'व्यास सम्मान' प्रदान किया गया ?

(अ) विश्रामपुर का संत (ब) अज्ञातवास

(स) सीमाएँ टूटती हैं (द) आदमी का जहर

☐

उत्तर के लिए कृपया पृष्ठ सं. 158 देखें।

17

चित्रावली

इन साहित्यकारों के नाम बताएँ।

उत्तर के लिए कृपया पृष्ठ सं. 158 देखें।

854

855

856

857

858

859

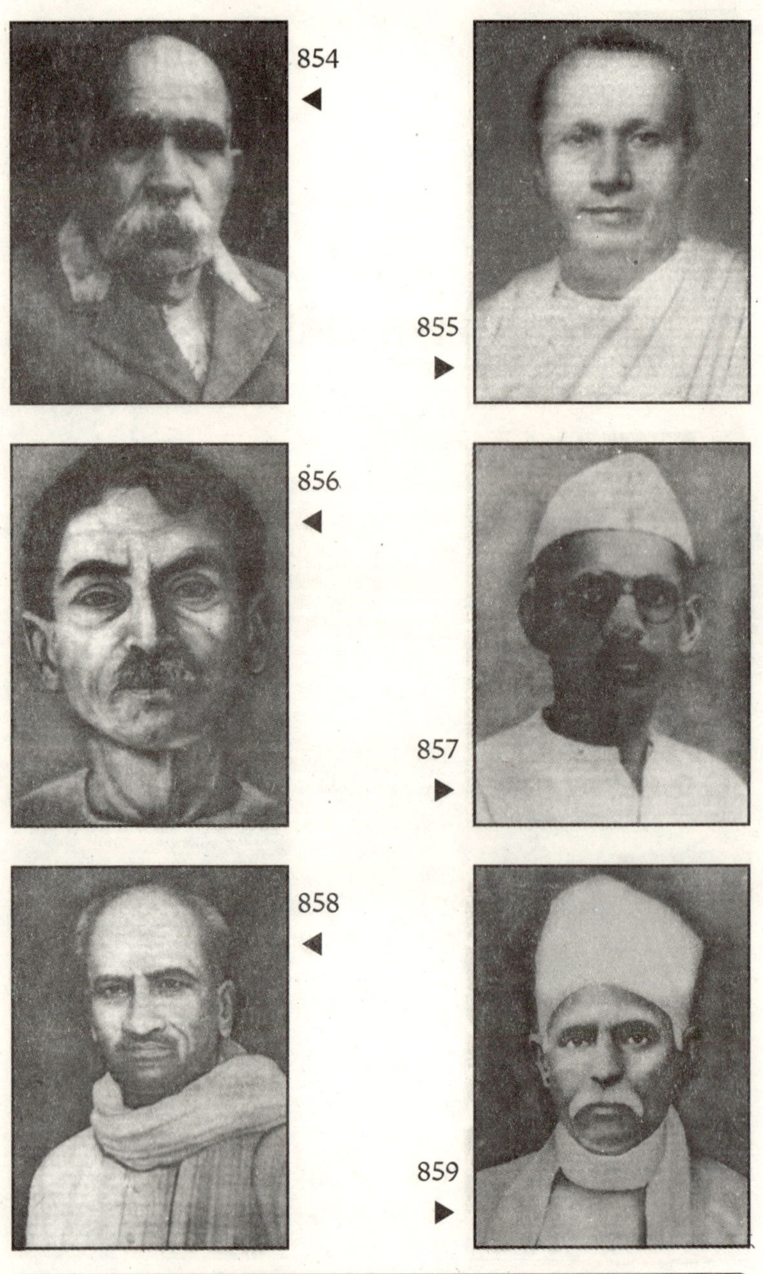

उत्तर के लिए कृपया पृष्ठ सं. 158 व 159 देखें।

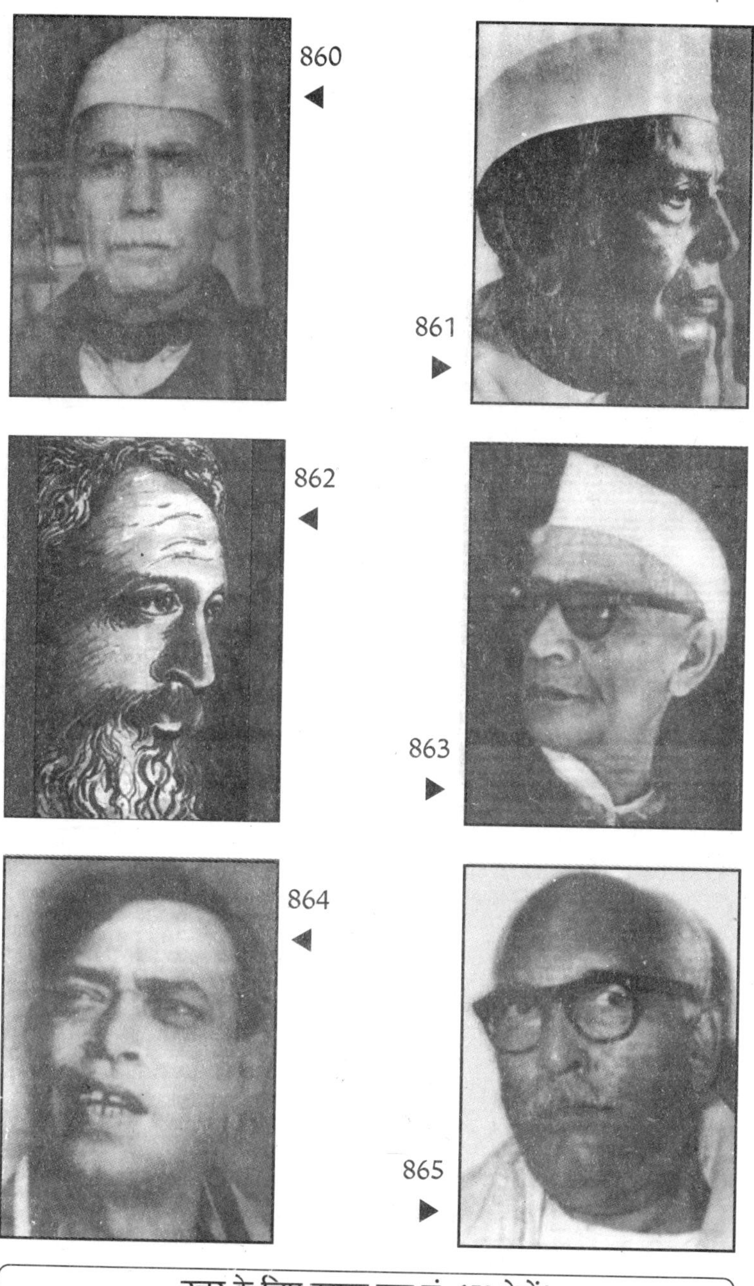

उत्तर के लिए कृपया पृष्ठ सं. 159 देखें।

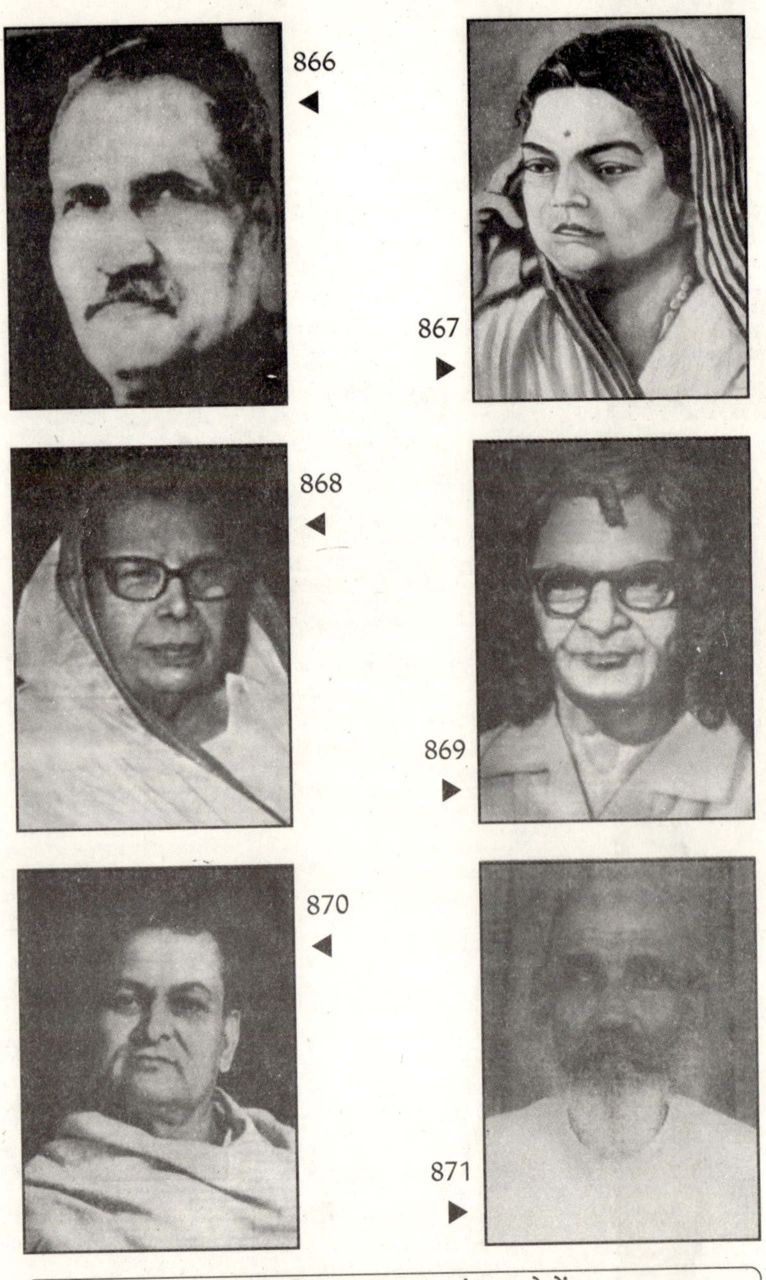

उत्तर के लिए कृपया पृष्ठ सं. 159 देखें।

उत्तर के लिए कृपया पृष्ठ सं. 159 देखें।

विविध

875. कथा-साहित्य में किस रचनाकार को 'कृषक संस्कृति का प्रमुख गायक' कहा गया है?

(अ) फणीश्वरनाथ 'रेणु' (ब) शिवपूजन सहाय

(स) नागार्जुन (द) प्रेमचंद

876. हिंदी साहित्य में कौन सा रचनाकार 'द्वितीय भारतेंदु' के नाम से विख्यात है?

(अ) प्रतापनारायण मिश्र (ब) बालकृष्ण भट्ट

(स) राधाचरण गोस्वामी (द) बदरीनारायण चौधरी 'प्रेमघन'

877. 'सन् 1873 में हिंदी नई चाल में ढली'—यह कथन किसका है?

(अ) इंशा अल्लाह खाँ (ब) सदल मिश्र

(स) भारतेंदु हरिश्चंद्र (द) राजा शिवप्रसाद 'सितारे हिंद'

878. आधुनिक हिंदी में कौन सी विधा 'बोधकथा' के रूप में जानी जाती है?

(अ) कहानी (ब) उपन्यास

(स) लघुकथा (द) नाटक

879. 'उनका गद्य मुरदे में कफन फाड़कर उठ बैठने की शक्ति संचारित करता है।' यह कथन किस रचनाकार के लिए कहा गया?

(अ) चंद्रधर शर्मा 'गुलेरी' (ब) महादेवी वर्मा

उत्तर के लिए कृपया पृष्ठ सं. 159 देखें।

(स) प्रेमचंद (द) पांडेय बेचन शर्मा 'उग्र'

880. 'एकांतवासी योगी' नाम से 'हरमिट' का अनुवाद किसने किया?

(अ) रामनरेश त्रिपाठी (ब) श्रीधर पाठक

(स) मुकुटधर पांडेय (द) सुमित्रानंदन पंत

881. हिंदी साहित्य में 'कलम का सिपाही' किसे कहा गया?

(अ) प्रेमचंद (ब) बाबूराव विष्णु पराड़कर

(स) अमृतलाल नागर (द) रामविलास शर्मा

882. 'मुझको क्या ढूँढ़े बंदे, मैं तो तेरे पास रे'—यह किसकी पंक्ति है?

(अ) रहीम (ब) रैदास

(स) दादू (द) कबीर

883. बँगला का विकास किस भाषा से हुआ?

(अ) पैशाची (ब) ब्राचड़

(स) शौरसेनी (द) मागधी

884. हिंदी की प्रथम रचना 'श्रावकाचार' किसकी रचना है?

(अ) सरहपाद (ब) देवसेन

(स) पुष्य (द) चंदबरदाई

885. यथार्थवाद में किस दृष्टि की प्रधानता है?

(अ) व्यक्ति-केंद्रित (ब) परंपरा-केंद्रित

(स) वस्तु-केंद्रित (द) रूप-केंद्रित

886. 'भूले-बिसरे चित्र' किस विधा की रचना है?

(अ) आत्मकथा (ब) जीवनी

(स) उपन्यास (द) रेखाचित्र

887. 'केसव कहि न जाइ का कहिए' पंक्ति किस कवि की है?

(अ) सूरदास (ब) परमानंद दास

(स) तुलसीदास (द) केशवदास

888. 'मुझे चाँद चाहिए' किस विधा की रचना है?

(अ) कविता (ब) कहानी

(स) नाटक (द) उपन्यास

उत्तर के लिए कृपया पृष्ठ सं. 159 देखें।

889. प्रथम विश्व हिंदी सम्मेलन कहाँ आयोजित किया गया?

(अ) नागपुर (ब) हैदराबाद

(स) बंबई (द) मद्रास

890. इनमें से मार्क्सवादी आलोचक कौन है?

(अ) नगेंद्र (ब) विजयेंद्र स्नातक

(स) अज्ञेय (द) रामविलास शर्मा

891. वियोगी हरि का पूरा नाम क्या था?

(अ) योगी हरि (ब) हरिहर प्रसाद द्विवेदी

(स) योगेंद्र हरि (द) हरप्रसाद द्विवेदी

892. 'उक्ति-व्यक्ति-प्रकरण' किसकी रचना है?

(अ) हेमचंद (ब) ज्योतीश्वर ठाकुर

(स) दामोदर शर्मा (द) राम सिंह

893. फंतासी का प्रयोग किस कवि ने सबसे अधिक किया है?

(अ) मुक्तिबोध (ब) जयशंकर प्रसाद

(स) सुमित्रानंदन पंत (द) महादेवी वर्मा

894. छायावाद के लिए रामचंद्र शुक्ल ने किस शब्द का प्रयोग किया है?

(अ) वैयक्तिकतावाद (ब) मधुचर्या

(स) हालावाद (द) राष्ट्रीय संस्कृति धारा

895. 'चीड़ों पर चाँदनी' किस विधा की रचना है?

(अ) उपन्यास (ब) कहानी

(स) यात्रावृत्त (द) नाटक

896. 'पराधीन सपनेहु सुख नाहीं' किसकी पंक्ति है?

(अ) तुलसीदास (ब) जायसी

(स) रहीमदास (द) कबीर

897. 'पूर्वग्रह' पत्रिका का प्रकाशन कहाँ से हुआ?

(अ) भोपाल (ब) लखनऊ

(स) इलाहाबाद (द) कानपुर

898. 'कलम का सिपाही' किसकी रचना है?

उत्तर के लिए कृपया पृष्ठ सं. 159 देखें।

(अ) मदन गोपाल (ब) रामविलास शर्मा
(स) अमृतलाल नागर (द) अमृत राय

899. हिंदी साहित्य में किस रचनाकार को 'बीसवीं सदी में वैदिक युग का मॉडल' कहा गया है?
(अ) सियारामशरण गुप्त (ब) मैथिलीशरण गुप्त
(स) भारतेंदु हरिश्चंद्र (द) बालकृष्ण भट्ट

900. 'संस्कृति के चार अध्याय' पुस्तक का लेखक कौन है?
(अ) रामधारी सिंह 'दिनकर' (ब) हजारी प्रसाद द्विवेदी
(स) विद्यानिवास मिश्र (द) महावीर प्रसाद द्विवेदी

901. 'बेढब बनारसी' के नाम से विख्यात लेखक का वास्तविक नाम क्या है?
(अ) कृष्णबिहारी गौड़ (ब) कृष्णकांत गौड़
(स) कृष्णदेव प्रसाद गौड़ (द) कमलाशंकर गौड़

902. किस रचनाकार को 'परतंत्र भारत का वास्तविक वैतालिक' कहा गया है?
(अ) सूर्यकांत त्रिपाठी 'निराला' (ब) रामधारी सिंह 'दिनकर'
(स) माखनलाल चतुर्वेदी (द) बालकृष्ण शर्मा 'नवीन'

903. 'हिमालयनो प्रवास' किसकी रचना है?
(अ) राहुल सांकृत्यायन (ब) नागार्जुन
(स) काका कालेलकर (द) निर्मल वर्मा

904. प्रारंभ में प्रेमचंद किस नाम से रचनाएँ लिखते थे?
(अ) नवाब राय (ब) दौलत राय
(स) वियोगी राय (द) सुखराय

905. किस कथाकार को 'हिंदी का शरत्' कहा गया है?
(अ) अज्ञेय (ब) इलाचंद्र जोशी
(स) फणीश्वरनाथ 'रेणु' (द) जैनेंद्र कुमार

906. 'जैसे उड़ि जहाज को पंछी पुनि जहाज पै आवै'—यह किसकी पंक्ति है?

उत्तर के लिए कृपया पृष्ठ सं. 159 देखें।

(अ) सूरदास (ब) इलाचंद्र जोशी

(स) भारतेंदु हरिश्चंद्र (द) जगन्नाथदास रत्नाकर

907. रामचंद्र शुक्ल ने किस रचनाकार को 'सच्चा स्वच्छंदतावाद का प्रवर्तक' कहा है?

(अ) निराला (ब) श्रीधर पाठक

(स) सुमित्रानंदन पंत (द) जयशंकर प्रसाद

908. महावीर प्रसाद द्विवेदी द्वारा प्रयुक्त 'अनस्थिरता' तथा 'बेंकटेश्वर समाचार' के संपादक लज्जाराम मेहता द्वारा प्रयुक्त शब्द को लेकर किसने विवाद चलाया?

(अ) मैथिलीशरण गुप्त (ब) रामचंद्र शुक्ल

(स) बालमुकुंद गुप्त (द) भारतेंदु हरिश्चंद्र

909. मृदुला गर्ग किस लेखिका की बहन हैं?

(अ) मंजुल भगत (ब) मन्नू भंडारी

(स) उषा प्रियंवदा (द) कृष्णा सोबती

910. सन् 1942 में 'भारत छोड़ो आंदोलन' में संत्रस्त वातावरण में इनमें से किस साहित्यकार ने 'लोकायन' नाम की एक व्यापक संस्कृति पीठ योजना बनाई?

(अ) सुमित्रानंदन पंत (ब) प्रेमचंद

(स) गणेशशंकर विद्यार्थी (द) सूर्यकांत त्रिपाठी 'निराला'

911. 'मैं हिंदुस्तान की तूती हूँ, अगर तुम वास्तव में मुझसे कुछ पूछना चाहते हो तो हिंदवी में पूछो।' यह कथन किसका है?

(अ) अमीर खुसरो (ब) पुरुषोत्तमदास टंडन

(स) राजा शिवप्रसाद 'सितारे हिंद' (द) बालकृष्ण भट्ट

912. इन कथाकारों में से कौन सन् 1940 में 'सिनेरियो लेखक' के रूप में बंबई पहुँचे?

(अ) अमृत राय (ब) शिवप्रसाद सिंह

(स) श्रीलाल शुक्ल (द) अमृतलाल नागर

913. इनमें से कौन से कवि अपनी घुमक्कड़ी प्रवृत्ति के लिए प्रसिद्ध हैं?

उत्तर के लिए कृपया पृष्ठ सं. 159 देखें।

(अ) गिरिजा कुमार माथुर (ब) हरिवंशराय बच्चन
(स) नागार्जुन (द) केदारनाथ अग्रवाल

914. हिंदी साहित्य में 'दद्दा' के नाम से विख्यात कवि कौन हैं?
(अ) हजारी प्रसाद द्विवेदी (ब) सियारामशरण गुप्त
(स) मैथिलीशरण गुप्त (द) माखनलाल चतुर्वेदी

915. ब्रजभाषा का विकास अपभ्रंश के किस रूप में हुआ?
(अ) मागधी (ब) अर्द्धमागधी
(स) शौरसेनी (द) पैशाची

916. 'स्वच्छंदतावाद' में किस विशेषता की प्रमुखता है?
(अ) वैयक्तिकता (ब) विसंगति बोध
(स) यथार्थोन्मुखता (द) अजनबीपन

917. जयशंकर प्रसाद का उपन्यास 'तितली' किस पत्र में धारावाहिक रूप में छपा?
(अ) प्रताप (ब) विशाल भारत
(स) अभ्युदय (द) जागरण

918. मॉरीशस में कौन सा विश्व हिंदी सम्मेलन आयोजित हुआ?
(अ) तृतीय (ब) द्वितीय
(स) चतुर्थ (द) पंचम

919. भगवतीचरण वर्मा का प्रथम उपन्यास कौन सा है?
(अ) टेढ़े-मेढ़े रास्ते (ब) भूले-बिसरे चित्र
(स) चित्रलेखा (द) तीन वर्ष

920. बालकृष्ण भट्ट की रचना 'वेणुसंहार' किस विधा में है?
(अ) निबंध (ब) कहानी
(स) नाटक (द) लघुकथा

921. 'अच्छी हिंदी बस एक व्यक्ति लिखता था—बालमुकुंद गुप्त'—यह कथन किसका है?
(अ) हजारी प्रसाद द्विवेदी (ब) महावीर प्रसाद द्विवेदी
(स) रामचंद्र शुक्ल (द) प्रेमचंद

उत्तर के लिए कृपया पृष्ठ सं. 159 देखें।

922. मैथिलीशरण गुप्त को उनकी किस कृति पर 'मंगला प्रसाद पारितोषिक' प्रदान किया गया?

(अ) भारत भारती (ब) साकेत

(स) यशोधरा (द) झंकार

923. प्रेमचंद के किस कहानी-संग्रह की प्रतियाँ अंग्रेजी सरकार द्वारा जब्त करके जला दी गईं?

(अ) सोजे वतन (ब) सप्त सरोज

(स) प्रेम पूर्णिमा (द) नवनिधि हिंदी

924. दिल्ली में कौन सा विश्व हिंदी सम्मेलन हुआ था?

(अ) प्रथम (ब) द्वितीय

(स) तृतीय (द) चतुर्थ

925. श्री मावलंकर ने सेठ गोविंद दास की किस रचना को 'विश्व-इतिहास' का एक ठोस भाग माना है?

(अ) प्राचीन कश्मीर की एक झलक (ब) इंदुमती

(स) हमारा प्रधान उपनिवेश (द) पृथ्वी-परिक्रमा

926. जयशंकर प्रसाद ने किसे छायावाद के प्रथम प्रवर्तक की संज्ञा दी?

(अ) निराला (ब) पंत

(स) मुकुटधर पांडेय (द) महादेवी वर्मा

927. इनमें से कौन सा रचनाकार मूलतः मराठी लेखक है?

(अ) काका कालेलकर (ब) वियोगी हरि

(स) धर्मवीर भारती (द) हरिवंशराय बच्चन

928. चंद्रधर शर्मा 'गुलेरी' का जन्म कब हुआ था?

(अ) 7 जुलाई, 1883 (ब) 15 जुलाई, 1884

(स) 9 जुलाई, 1884 (द) 10 जुलाई, 1880

929. 'संपूर्ण गांधी वाङ्मय' का संपादन किसने किया?

(अ) काका कालेलकर (ब) सियारामशरण गुप्त

(स) विष्णु प्रभाकर (द) भवानी प्रसाद मिश्र

930. पांडेय बेचन शर्मा 'उग्र' के किस उपन्यास की निंदा करते हुए महात्मा

उत्तर के लिए कृपया पृष्ठ सं. 159 व 160 देखें।

गांधी को पत्र लिखा गया ?

(अ) अछूत (ब) चुंबन

(स) दिल्ली का दलाल (द) चाकलेट

931. इनमें से कौन है, जिसे वीर रस का कवि माना जाता है ?

(अ) सूर्यकांत त्रिपाठी 'निराला' (ब) मैथिलीशरण गुप्त

(स) शिवमंगल सिंह 'सुमन' (द) श्यामनारायण पांडेय

932. मैथिलीशरण गुप्त की कौन सी रचना हिंदी में रामकाव्य का अत्यंत लोकप्रिय प्रबंध-काव्य बनी ?

(अ) भारत भारती (ब) साकेत

(स) मंगल घट (द) पंचवटी

933. हिंदी साहित्य के लिए प्रथम 'भारतीय ज्ञानपीठ पुरस्कार' किसे मिला ?

(अ) महादेवी वर्मा (ब) अज्ञेय

(स) दिनकर (द) सुमित्रानंदन पंत

934. जैनेंद्र कुमार का 'परख' उपन्यास कब प्रकाशित हुआ ?

(अ) 1929 ई. (ब) 1940 ई.

(स) 1936 ई. (द) 1930 ई.

935. 'हिंदी साहित्य का कथा-सम्राट्' किसे कहा गया है ?

(अ) प्रेमचंद (ब) जयशंकर प्रसाद

(स) अज्ञेय (द) यशपाल

936. 'सदाचार का तावीज' किस साहित्यकार की रचना है ?

(अ) ज्ञान चतुर्वेदी (ब) रवींद्रनाथ त्यागी

(स) प्रेमचंद (द) हरिशंकर परसाई

937. किस कथाकार की पत्नी ने भी कहानियाँ लिखीं ?

(अ) अमरकांत (ब) भैरव प्रसाद गुप्त

(स) प्रेमचंद (द) मार्कंडेय

938. सन् 1862 में राजा लक्ष्मण सिंह ने संस्कृत की किस कृति का अनुवाद करके हिंदी-प्रेमियों को आकर्षित किया ?

(अ) मालविकाग्निमित्र (ब) अभिज्ञानशाकुंतल

उत्तर के लिए कृपया पृष्ठ सं. 160 देखें।

(स) मृच्छकटिक (द) मालती माधव

939. चर्चित निबंध 'होली की ठिठोली का एप्रिल फूल' किसने लिखा है?

(अ) भारतेंदु हरिश्चंद्र (ब) बालकृष्ण भट्ट

(स) प्रतापनारायण मिश्र (द) चंद्रधर शर्मा 'गुलेरी'

940. 'शुद्ध कविता की खोज' किस प्रकार की पुस्तक है?

(अ) यात्रावृत्त (ब) प्रबंध काव्य

(स) उपन्यास (द) आलोचनात्मक

941. 'हे प्रभो! अन्नदाता ज्ञान हमको दीजिए' प्रार्थना किसने लिखी है?

(अ) रामनरेश त्रिपाठी (ब) माखनलाल चतुर्वेदी

(स) रामेश्वर शुक्ल 'अंचल' (द) बालकृष्ण शर्मा 'नवीन'

942. महावीर प्रसाद द्विवेदी ने इनमें से किस रचना का अनुवाद नहीं किया?

(अ) रघुवंश (ब) कुमारसंभव

(स) मृण्मयी (द) वेणी संहार

943. महादेवी वर्मा का जन्म कहाँ हुआ था?

(अ) फर्रुखाबाद (ब) इलाहाबाद

(स) लखनऊ (द) बनारस

944. 'बरवै रामायण' में कितने कांड हैं?

(अ) पाँच (ब) चार

(स) सात (द) तीन

945. काका कालेलकर का पूरा नाम क्या था?

(अ) बालाजी राव कालेलकर (ब) बालकृष्ण दत्तात्रेय कालेलकर

(स) बालमुकुंद कालेलकर (द) दत्तात्रेय बालकृष्ण कालेलकर

946. उपेंद्रनाथ 'अश्क' का जन्म कहाँ हुआ था?

(अ) इलाहाबाद (ब) लाहौर

(स) जालंधर (द) लखनऊ

947. जिस नूतन काव्यधारा को मुकुटधर पांडेय ने 'छायावाद' कहा, आचार्य रामचंद्र शुक्ल ने उसे क्या नाम दिया?

(अ) स्वच्छंदतावाद (ब) नव्य काव्यधारा

उत्तर के लिए कृपया पृष्ठ सं. 160 देखें।

(स) रहस्यवाद (द) छायावाद

948. भवानी प्रसाद मिश्र की पुस्तक 'कुछ नीति, कुछ राजनीति' में किस प्रकार की रचनाएँ हैं ?

(अ) संस्मरण (ब) कविताएँ

(स) कहानियाँ (द) भाषणों का संग्रह

949. जैनेंद्र कुमार का प्रारंभिक नाम क्या था ?

(अ) आनंदीलाल (ब) अंतर्यामी

(स) आनंद (द) अनंत प्रसाद

950. 'साहित्यकार देशभक्ति और राजनीति के पीछे चलनेवाली सचाई ही नहीं, बल्कि उसके आगे मशाल दिखाती हुई चलनेवाली सचाई है।' यह धारणा किसकी है ?

(अ) गणेशशंकर विद्यार्थी (ब) पुरुषोत्तमदास टंडन

(स) प्रेमचंद (द) मदनमोहन मालवीय

951. पांडेय बेचन शर्मा 'उग्र' ने किस नाम से 'आज' में राष्ट्रीय कहानियाँ लिखीं ?

(अ) पांडेय बेचन शर्मा 'उग्र' (ब) अष्टावक्र

(स) गालिब उग्र (द) उग्र

952. 'द्विवेदीजी पंडित हैं, पर ठूँठ पंडित नहीं, सरस और गतिशील पंडित हैं।' यह कथन किसके लिए कहा गया है ?

(अ) महावीर प्रसाद द्विवेदी (ब) हरिहर प्रसाद द्विवेदी

(स) हजारी प्रसाद द्विवेदी (द) किसी के लिए नहीं

953. 'काबा और कर्बला' किसकी रचना है ?

(अ) मैथिलीशरण गुप्त

(ब) सियारामशरण गुप्त

(स) अयोध्यासिंह उपाध्याय 'हरिऔध'

(द) बदरीनारायण चौधरी 'प्रेमघन'

954. 'मधुशाला' किस विधा की रचना है ?

(अ) उपन्यास (ब) कहानी

उत्तर के लिए कृपया पृष्ठ सं. 160 देखें।

(स) कविता (द) नाटक

955. 'तीसरी कसम' फिल्म की कहानी इनमें से किस लेखक ने लिखी थी?

(अ) अमृतलाल नागर (ब) फणीश्वरनाथ 'रेणु'

(स) भगवतीचरण वर्मा (द) राही मासूम रजा

956. हिंदी साहित्य सर्जन में किस साहित्यकार को 'भैया साहब' कहा जाता है?

(अ) श्रीनारायण चतुर्वेदी (ब) रामस्वरूप चतुर्वेदी

(स) वियोगी हरि (द) बनारसीदास चतुर्वेदी

957. 'हाथी की फाँसी' कहानी किसने लिखी?

(अ) नरेंद्र देव (ब) बाबूराव विष्णु पराड़कर

(स) प्रेमचंद (द) गणेशशंकर विद्यार्थी

958. अश्लील साहित्य के विरुद्ध 'घासलेटी साहित्य' विरोधी आंदोलन किसने चलाया?

(अ) बालमुकुंद गुप्त (ब) महावीर प्रसाद द्विवेदी

(स) बनारसीदास चतुर्वेदी (द) हजारी प्रसाद द्विवेदी

959. भारतेंदु हरिश्चंद्र का जन्म कब हुआ था?

(अ) 1850 ई. (ब) 1858 ई.

(स) 1855 ई. (द) 1860 ई.

960. 'केवल मनोरंजन कवि का कर्म नहीं होना चाहिए, उसमें उचित उपदेश का मर्म भी होना चाहिए।' यह पंक्ति किस रचनाकार की है?

(अ) जयशंकर प्रसाद

(ब) सियारामशरण गुप्त

(स) अयोध्यासिंह उपाध्याय 'हरिऔध'

(द) मैथिलीशरण गुप्त

961. अज्ञेय का पूरा नाम क्या था?

(अ) सच्चिदानंद हीरानंद वात्स्यायन (ब) सच्चिदानंद

(स) हीरानंद (द) हीरानंद सच्चिदानंद

उत्तर के लिए कृपया पृष्ठ सं. 160 देखें।

962. किस कवि ने स्वयं को 'छायावाद की ठीक पीठ पर' आनेवाला माना?

(अ) नागार्जुन (ब) त्रिलोचन

(स) शिवमंगल सिंह 'सुमन' (द) रामधारी सिंह 'दिनकर'

963. 'चाह नहीं मैं सुरबाला के गहनों में गूँथा जाऊँ,
चाह नहीं प्रेमी माला में बिंध प्यारी को ललचाऊँ।'
ये पंक्तियाँ किस कवि की हैं?

(अ) सुभद्राकुमारी चौहान (ब) माखनलाल चतुर्वेदी

(स) मैथिलीशरण गुप्त (द) निराला

964. विसू, बिंदा, रुक्मा और सक्सेना मन्नू भंडारी की किस कृति के पात्र हैं?

(अ) आपका बंटी (ब) महाभोज

(स) एक इंच मुसकान (द) तीन निगाहों की एक तसवीर

965. आंचलिकता को कथा-साहित्य की एक विशेष प्रवृत्ति के रूप में प्रतिष्ठापित करने का श्रेय किसे दिया जाता है?

(अ) नागार्जुन (ब) प्रेमचंद

(स) फणीश्वरनाथ 'रेणु' (द) रामदरश मिश्र

966. 'स्थूल के प्रति सूक्ष्म का विद्रोह' किस युग को माना गया?

(अ) नई कविता (ब) प्रगतिवाद

(स) छायावाद (द) प्रयोगवाद

967. धूमिल का वास्तविक नाम क्या था?

(अ) सुदामा पांडेय (ब) सुदीप पांडेय

(स) संदीप मिश्र (द) सुशील पांडेय

968. हिंदी साहित्य में किस कवि को 'कवियों का कवि' कहा गया?

(अ) अज्ञेय (ब) भवानी प्रसाद मिश्र

(स) शमशेर बहादुर सिंह (द) हरिवंशराय बच्चन

969. 'तन के सौ सुख, सौ सुविधा में मेरा मन वनवास दिया सा'—यह काव्य-पंक्ति किसकी है?

उत्तर के लिए कृपया पृष्ठ सं. 160 देखें।

(अ) जयशंकर प्रसाद (ब) महादेवी वर्मा
(स) हरिवंशराय बच्चन (द) वियोगी हरि

970. इन कहानीकारों में साठोत्तरी पीढ़ी का कहानीकार कौन है?
(अ) यशपाल (ब) प्रेमचंद
(स) रांगेय राघव (द) ज्ञानरंजन

971. इन कवियों में से कौन से कवि 'दिनमान' के संपादक थे?
(अ) रघुवीर सहाय (ब) धर्मवीर भारती
(स) धूमिल (द) मुक्तिबोध

972. इनमें से किस उपन्यास को पूरा करने से पूर्व प्रेमचंद का निधन हो गया?
(अ) कर्मभूमि (ब) कायाकल्प
(स) मंगलसूत्र (द) प्रेमाश्रम

973. मणि कौल की फिल्म 'सतह से उठता आदमी' इनमें से किस कवि पर बनी थी?
(अ) निराला (ब) अज्ञेय
(स) मुक्तिबोध (द) केदारनाथ अग्रवाल

974. प्रगतिशील आंदोलन के सबसे सशक्त व्यंग्यकार कौन हैं?
(अ) बेढब बनारसी (ब) बालमुकुंद गुप्त
(स) हरिशंकर परसाई (द) जी.पी. श्रीवास्तव

975. 'कविवचनसुधा' में प्रकाशित यह प्रतिज्ञा-पत्र 'हम लोग आज के दिन से कोई विलायती कपड़ा न पहिनेंगे।' किस रचनाकार का है?
(अ) प्रतापनारायण मिश्र (ब) भारतेंदु हरिश्चंद्र
(स) बालकृष्ण भट्ट (द) बालमुकुंद गुप्त

976. 'राखी की चुनौती' कविता किस रचनाकार की है?
(अ) माखनलाल चतुर्वेदी (ब) बालकृष्ण शर्मा 'नवीन'
(स) सुभद्राकुमारी चौहान (द) वृंदावनलाल वर्मा

977. 'ठुमरी' कहानी संग्रह के लेखक कौन हैं?
(अ) शिवपूजन सहाय (ब) शैलेश मटियानी

उत्तर के लिए कृपया पृष्ठ सं. 160 देखें।

(स) फणीश्वरनाथ 'रेणु' (द) नागार्जुन

978. 'कोशल केसरी' की संज्ञा से किस नाटककार को विभूषित किया गया है?

(अ) जगदीश चंद्र माथुर (ब) रामकुमार वर्मा

(स) भुवनेश्वर प्रसाद (द) सेठ गोविंद दास

979. इनमें से किस निबंधकार ने 'नवभारत टाइम्स' का संपादन किया?

(अ) महावीर प्रसाद द्विवेदी (ब) विद्यानिवास मिश्र

(स) कुबेरनाथ राय (द) हजारी प्रसाद द्विवेदी

980. 'साप्ताहिक हिंदुस्तान' के चर्चित स्तंभ 'नेताजी कहिन' का लेखक कौन था?

(अ) शरद जोशी (ब) हरिशंकर परसाई

(स) मोहन राकेश (द) मनोहर श्याम जोशी

981. पाश्चात्य काव्यशास्त्र में नाटक के कितने तत्त्व माने गए हैं?

(अ) बारह (ब) चार

(स) छह (द) तीन

982. 'कल सुनना मुझे' कविता संग्रह किसका है?

(अ) शमशेर बहादुर सिंह (ब) दुष्यंत

(स) मुक्तिबोध (द) धूमिल

983. 'साहित्य देवता' पुस्तक के अंतर्गत किस रचनाकार के निबंध संकलित हैं?

(अ) महादेवी वर्मा (ब) निराला

(स) माखनलाल चतुर्वेदी (द) जयशंकर प्रसाद

984. इनमें से कौन से रचनाकार कहानी पत्रिका 'सारिका' के संपादक थे?

(अ) मोहन राकेश (ब) अज्ञेय

(स) रघुवीर सहाय (द) निर्मल वर्मा

985. नाटकों में परदे के पीछे से दी जानेवाली सूचना को क्या कहा जाता है?

(अ) अंकास्य (ब) सूत्रधार

उत्तर के लिए कृपया पृष्ठ सं. 160 देखें।

(स) अंकावतार (द) चूलिका

986. 'नई कविता और अस्तित्ववाद' पुस्तक के लेखक कौन हैं?

(अ) प्रभाकर माचवे (ब) जगदीश गुप्त

(स) रामविलास शर्मा (द) गिरिजा कुमार माथुर

987. 'जुलूस' उपन्यास के लेखक कौन हैं?

(अ) यशपाल (ब) राही मासूम रजा

(स) गोविंद मिश्र (द) फणीश्वरनाथ 'रेणु'

988. 'हिंदी का वॉल्टर स्कॉट' किस साहित्यकार को कहा जाता है?

(अ) प्रेमचंद (ब) अज्ञेय

(स) वृंदावनलाल वर्मा (द) हजारी प्रसाद द्विवेदी

989. सन् 1997 में निराला की जन्मशती कहाँ मनाई गई?

(अ) मेदिनीपुर (ब) इलाहाबाद

(स) गढ़ाकोला (द) कलकत्ता

990. 'तारसप्तक' की श्रृंखला के किस कवि ने कविता के जरिए पुराने उपमानों के लिए यह घोषणा की—'ये उपमान अब मैले हो गए हैं।'

(अ) जगदीश गुप्त (ब) भवानी प्रसाद मिश्र

(स) अज्ञेय (द) मुक्तिबोध

991. हिंदी साहित्य का कौन सा काल मुख्यत: राजनीति, संघर्ष और युद्धों का काल रहा?

(अ) आदिकाल (ब) पूर्वमध्यकाल

(स) आधुनिककाल (द) उत्तरमध्यकाल

992. हिंदी साहित्य में 'विद्यापति की पदावली' किस काल की रचना है?

(अ) आदिकाल (ब) भक्तिकाल

(स) रीतिकाल (द) मध्यकाल

993. हिंदी में प्रथम डी.लिट. होने का गौरव किस रचनाकार को मिला?

(अ) रामकुमार वर्मा (ब) धीरेंद्र वर्मा

(स) नगेंद्र (द) पीतांबरदत्त बड़थ्वाल

994. 'जयतु जयतु घुमक्कड़ पंथा' और 'चरति भिक्कवे' किस रचनाकार

उत्तर के लिए कृपया पृष्ठ सं. 160 देखें।

का उद्घोष और मूलमंत्र बना?

(अ) नागार्जुन (ब) राहुल सांकृत्यायन
(स) गणेशशंकर विद्यार्थी (द) अज्ञेय

995. 'मंगला प्रसाद पारितोषिक' किस संस्था द्वारा प्रदान किया जाता रहा है?

(अ) हिंदी साहित्य सम्मेलन, प्रयाग
(ब) राष्ट्रीय नाटक अकादमी
(स) साहित्य अकादमी
(द) हिंदी अकादमी, दिल्ली

996. इन निबंधकारों में से किसने केवल छह या सात निबंध लिखे?

(अ) सरदार पूर्ण सिंह (ब) विद्यानिवास मिश्र
(स) गुलाब राय (द) महादेवी वर्मा

997. 'विराटा की पद्मिनी' उपन्यास का लेखक कौन है?

(अ) फणीश्वर नाथ 'रेणु' (ब) वृंदावनलाल वर्मा
(स) मनु शर्मा (द) विष्णु प्रभाकर

998. राहुल सांकृत्यायन के बचपन का क्या नाम है?

(अ) केदार बाबू (ब) बदरीनाथ
(स) केदारनाथ पांडेय (द) केदारनाथ द्विवेदी

999. महाभारत काल की पृष्ठभूमि पर वर्तमान युग के परिवेश को चित्रित करनेवाली कृति कौन सी है?

(अ) अंधायुग (ब) कामायनी
(स) चाँद का मुँह टेढ़ा है (द) संसद् से सड़क तक

1000. 'जंजीरें और दीवारें' पुस्तक का रचनाकार कौन है?

(अ) उपेंद्रनाथ 'अश्क' (ब) रामेश्वर शुक्ल 'अंचल'
(स) रामवृक्ष बेनीपुरी (द) यशपाल

उत्तर के लिए कृपया पृष्ठ सं. 160 देखें।

उत्तरमाला

1. (ब) वैदिक संस्कृत
2. (स) द्रविड़ परिवार
3. (ब) मौखिक रूप
4. (स) उन्नीसवीं शताब्दी
5. (अ) 14 सितंबर, 1949
6. (स) सरस्वती
7. (ब) दक्कनी हिंदी
8. (स) फारसी
9. (अ) अनुच्छेद 343
10. (ब) मध्य काल
11. (स) पाँच
12. (ब) पश्चिमी हिंदी
13. (स) अपभ्रंश
14. (ब) बिहार
15. (अ) खड़ी बोली हिंदी
16. (ब) भाषा सामाजिक वस्तु नहीं हैं।
17. (स) चित्रलिपि
18. (अ) विद्यापति
19. (ब) ब्रजभाषा
20. (ब) पश्चिमी हिंदी
21. (अ) फारसी
22. (ब) खरोष्ठी लिपि
23. (द) मराठी
24. (ब) राजस्थानी
25. (अ) ब्राह्मी लिपि
26. (द) महाराष्ट्र
27. (ब) 25 जनवरी, 1964
28. (स) मानक भाषा
29. (अ) भारतेंदु हरिश्चंद्र
30. (अ) सदल मिश्र
31. (अ) अष्टाध्यायी
32. (ब) अपभ्रंश
33. (अ) शौरसेनी
34. (ब) अर्द्धमागधी
35. (स) वाक्य विज्ञान
36. (द) वैदिक संस्कृत
37. (ब) हिंदुस्तानी
38. (ब) कौरवी
39. (द) अयोध्या
40. (ब) दिल्ली-मेरठ के आस-पास की लोक बोली के अर्थ में
41. (अ) चंद्रधर शर्मा 'गुलेरी'
42. (ब) स्वयंभू
43. (अ) 1963
44. (ब) 1967
45. (स) इक्कीस
46. (स) राजर्षि पुरुषोत्तमदास टंडन

47. (ब) लाल-युग
48. (स) उन्नीसवीं
49. (ब) पहाड़ी
50. (द) अवधी
51. (द) गार्सां द तॉसी
52. (द) अठारह
53. (ब) आचार्य हजारी प्रसाद द्विवेदी
54. (अ) मिश्र बंधु विनोद
55. (स) चौरासी वैष्णवन की वार्त्ता
56. (अ) 'हिंदी शब्द सागर' की भूमिका के रूप में
57. (अ) जॉर्ज ग्रियर्सन
58. (स) आचार्य रामचंद्र शुक्ल
59. (अ) फ्रेंच
60. (ब) डॉ. धीरेंद्र वर्मा
61. (ब) महावीर प्रसाद द्विवेदी
62. (स) राहुल सांकृत्यायन
63. (ब) वीरगाथाकाल
64. (अ) भक्तिकाल
65. (द) लौकिक साहित्य
66. (ब) सिद्ध साहित्य
67. (अ) पृथ्वीराजरासो
68. (ब) प्राकृत पैंगलम्
69. (स) चंदबरदाई
70. (अ) बीसलदेवरासो
71. (स) व्याकरण ग्रंथ
72. (ब) अमीर खुसरो
73. (द) राउलवेल
74. (अ) पहेलियाँ-मुकरियाँ
75. (ब) डिंगल
76. (स) नाथ
77. (ब) संधिकाल और चारणकाल
78. (अ) गोरखनाथ
79. (अ) विद्यापति
80. (ब) आचार्य हजारी प्रसाद द्विवेदी
81. (ब) जॉर्ज ग्रियर्सन
82. (स) चौरासी
83. (अ) शालिभद्र सूरि
84. (ब) पुष्य (पुंड)
85. (द) मधुकर
86. (ब) नाथ साहित्य
87. (अ) रासो साहित्य
88. (ब) प्राकृत
89. (ब) गद्य
90. (द) जॉर्ज ग्रियर्सन
91. (अ) 1318-1643 ई.
92. (स) अद्वैत वेदांत
93. (ब) निर्गुण भक्तिधारा
94. (अ) भक्तमाल
95. (स) रैदास
96. (ब) जायसी
97. (ब) हरिदास निरंजनी
98. (अ) रामभक्ति
99. (अ) ब्रह्मचरित
100. (ब) कबीरदास
101. (अ) जायसी
102. (ब) कुतुबन
103. (स) 1565 ई.
104. (द) पुष्टिमार्गीय भक्ति
105. (स) मलूकदास
106. (ब) रामानंद
107. (स) मुल्ला दाऊद
108. (अ) कल्लोल
109. (द) वाल्मीकि रामायण
110. (अ) कुमारदास
111. (ब) दादू पंथ
112. (अ) तुलसीदास

113. (अ) बिहार
114. (स) निंबार्क संप्रदाय
115. (अ) दास्यभाव
116. (स) वल्लभाचार्य
117. (द) भागवत
118. (द) कबीरदास
119. (स) कुंभनदास
120. (द) भागवतपुराण
121. (ब) केशवदास
122. (स) ब्रजभाषा
123. (द) कविप्रिया
124. (अ) गोकुलनाथ
125. (अ) तुलसीदास
126. (ब) गीतगोविंद
127. (ब) चौरासी वैष्णवन की वार्त्ता
128. (स) निर्गुणवाद
129. (अ) तुलसीदास
130. (द) संत काव्यधारा
131. (ब) सूफी काव्य
132. (स) तुलसीदास
133. (स) रसखान
134. (स) अवधी
135. (ब) माधुर्य भाव
136. (स) विनयपत्रिका
137. (द) सत्यनारायण कविरत्न
138. (द) दादू
139. (ब) कबीरदास
140. (द) सात
141. (स) मलिक मुहम्मद जायसी
142. (स) विश्वनाथ प्रसाद मिश्र
143. (अ) केशव
144. (ब) भिखारीदास
145. (स) ललितललाम
146. (द) घनानंद
147. (स) सूदन
148. (अ) चिंतामणि
149. (ब) घनानंद
150. (ब) रसलीन
151. (द) विरह वारीश
152. (द) घनानंद
153. (अ) सेनापति
154. (स) बिहारी
155. (स) घनानंद
156. (स) सेनापति
157. (ब) आलम
158. (द) बिहारी
159. (अ) रसराज
160. (स) भिखारीदास
161. (अ) सात सौ तेरह
162. (अ) सूरसागर
163. (द) भिखारीदास
164. (अ) 1643–1843 ई.
165. (अ) वक्रोक्ति जीवितम्
166. (ब) भूषण
167. (अ) मिश्रबंधु
168. (ब) बोधा
169. (द) बिहारी
170. (द) केशव
171. (द) लाल कवि
172. (अ) बिहारी
173. (अ) लाल कवि
174. (ब) देव
175. (अ) देव
176. (स) गाथा सप्तशती
177. (स) मतिराम
178. (ब) मीराबाई
179. (द) तुलसीदास
180. (स) भारतेंदु हरिश्चंद्र

181. (द) पुनर्जागरणकाल
182. (द) गद्य खंड-काव्य खंड
183. (अ) ब्रजभाषा
184. (ब) सुधारकाल
185. (स) 1850 ई.
186. (द) डॉ. नगेंद्र
187. (द) नंददुलारे वाजपेयी
188. (ब) राष्ट्रीय चेतना
189. (स) अज्ञेय
190. (द) श्रीधर पाठक
191. (द) श्रीधर पाठक
192. (ब) सियाराम शरण गुप्त
193. (अ) अंबिकादत्त व्यास
194. (द) भारतेंदु हरिश्चंद्र
195. (स) सियाराम शरण गुप्त
196. (ब) महादेवी वर्मा
197. (अ) सुमित्रानंदन पंत
198. (अ) मुकुटधर पांडेय
199. (द) महादेवी वर्मा
200. (अ) भारतेंदु हरिश्चंद्र
201. (ब) भारत-भारती
202. (ब) निराला
203. (अ) निराला
204. (अ) कामायनी
205. (ब) रामधारी सिंह 'दिनकर'
206. (स) झाँसी की रानी
207. (अ) भवानी प्रसाद मिश्र
208. (ब) चार
209. (ब) कुँवरनारायण
210. (ब) जगन्नाथदास रत्नाकर
211. (अ) माखनलाल चतुर्वेदी
212. (स) मधुशाला
213. (ब) सुमित्रानंदन पंत
214. (स) साकेत
215. (अ) निराला
216. (द) रामधारी सिंह 'दिनकर'
217. (अ) अयोध्या सिंह उपाध्याय 'हरिऔध'
218. (स) मैथिलीशरण गुप्त
219. (ब) रामनरेश त्रिपाठी
220. (स) मुकुटधर पांडेय
221. (अ) भारतेंदु हरिश्चंद्र
222. (ब) प्रिय प्रवास
223. (स) मैथिलीशरण गुप्त
224. (ब) द्विवेदीयुग
225. (द) महादेवी वर्मा
226. (अ) महादेवी वर्मा
227. (द) भवानी प्रसाद मिश्र
228. (द) सूर्यकांत त्रिपाठी 'निराला'
229. (द) रामकुमार वर्मा
230. (ब) जूही की कली
231. (स) डॉ. नगेंद्र
232. (अ) सुमित्रानंदन पंत
233. (द) द्विवेदी युग
234. (अ) मैथिलीशरण गुप्त
235. (द) निराला
236. (अ) रामधारी सिंह 'दिनकर'
237. (ब) सरोज स्मृति
238. (स) हरिवंशराय 'बच्चन'
239. (स) सूर्यकांत त्रिपाठी 'निराला'
240. (द) भारतेंदु हरिश्चंद्र
241. (स) शचीरानी गुर्टू
242. (ब) चिरगाँव
243. (द) आचार्य हजारी प्रसाद द्विवेदी
244. (स) सुमित्रानंदन पंत
245. (अ) भारतेंदु हरिश्चंद्र
246. (द) सुभद्राकुमारी चौहान
247. (ब) मैथिलीशरण गुप्त

248. (अ) प्रबंधकाव्य
249. (अ) रामविलास शर्मा
250. (ब) निराला
251. (द) झरना
252. (अ) रामधारी सिंह 'दिनकर'
253. (ब) भवानी प्रसाद मिश्र
254. (स) 1954 ई.
255. (अ) 1943 ई.
256. (अ) बालकृष्ण शर्मा 'नवीन'
257. (ब) रामस्वरूप चतुर्वेदी
258. (द) रघुवीर सहाय
259. (स) आँसू
260. (ब) सुमित्रानंदन पंत
261. (अ) निराला
262. (ब) बालकृष्ण शर्मा 'नवीन'
263. (ब) मछलीघर
264. (अ) धूमिल
265. (ब) 1951 ई.
266. (स) सुमित्रानंदन पंत
267. (अ) धर्मवीर भारती
268. (स) जानकी वल्लभ शास्त्री
269. (ब) प्रगतिवाद
270. (अ) नकेनवाद
271. (अ) वैद्यनाथ मिश्र
272. (अ) प्रगतिवाद
273. (ब) दूसरा सप्तक
274. (अ) अज्ञेय
275. (स) जगदीश चतुर्वेदी
276. (ब) अँधेरे में
277. (द) इलाहाबाद
278. (अ) अज्ञेय
279. (ब) पल्लव
280. (ब) मुक्तिबोध
281. (अ) अज्ञेय
282. (स) श्यामनारायण पांडेय
283. (अ) प्रबंध काव्य
284. (स) अज्ञेय
285. (ब) चार
286. (अ) तारसप्तक
287. (द) भगवतीचरण वर्मा
288. (स) त्रिलोचन
289. (ब) दूसरा सप्तक
290. (अ) माखनलाल चतुर्वेदी
291. (ब) निराला
292. (स) प्रयोगवाद
293. (स) कामायनी
294. (ब) लक्ष्मीकांत वर्मा
295. (अ) कुकुरमुत्ता
296. (ब) प्रगतिवाद
297. (ब) माखनलाल चतुर्वेदी
298. (ब) हरिवंशराय बच्चन
299. (स) महादेवी वर्मा
300. (द) कानों में कँगना
301. (ब) सरस्वती
302. (अ) बंग महिला
303. (स) प्रेमचंद
304. (स) विश्वंभरनाथ शर्मा कौशिक
305. (ब) प्रेमचंद
306. (ब) होमवती देवी
307. (अ) टोकरी भर मिट्टी
308. (द) अकाशदीप
309. (स) ठाकुर का कुआँ
310. (अ) तीन
311. (अ) चौरासी वैष्णवन की वार्त्ता
312. (अ) सरस्वती
313. (अ) उसने कहा था
314. (स) आठ
315. (द) ग्राम

316. (ब) इंशा अल्लाह खाँ
317. (अ) बंग महिला
318. (ब) कमलेश्वर
319. (ब) धनपत राय
320. (अ) राजेंद्रबाला घोष
321. (स) देवीशंकर अवस्थी
322. (द) उसने कहा था
323. (अ) लमही
324. (अ) प्रेमचंद
325. (द) उपेंद्रनाथ 'अश्क'
326. (अ) जैनेंद्र
327. (ब) जयशंकर प्रसाद
328. (अ) निराला
329. (द) कृष्णा सोबती
330. (द) पंच परमेश्वर
331. (स) प्रेमचंद पूर्व
332. (अ) 1886 ई.
333. (ब) माधव प्रसाद मिश्र
334. (स) हिंदी गल्पमाला
335. (स) भगवतीचरण वर्मा
336. (द) प्रेमचंद
337. (अ) राखीबंद भाई
338. (स) सुभद्राकुमारी चौहान
339. (द) व्यक्तिवाद
340. (अ) उसने कहा था
341. (ब) इंदु
342. (ब) जयशंकर प्रसाद
343. (स) जैनेंद्र
344. (ब) कृष्णा सोबती
345. (अ) फणीश्वनाथ 'रेणु'
346. (ब) ज्ञानरंजन
347. (ब) इंद्रनाथ मदान
348. (स) 300 से अधिक
349. (ब) नई कहानी
350. (अ) अमरकांत
351. (अ) सिक्का बदल गया
352. (ब) यशपाल
353. (ब) अज्ञेय
354. (अ) नामवर सिंह
355. (अ) धर्मवीर भारती
356. (स) समांतर कहानी
357. (द) उषा प्रियंवदा
358. (अ) संकेत
359. (ब) प्रेमचंद
360. (स) निर्मल वर्मा
361. (अ) निर्मल वर्मा
362. (स) 1950 ई.
363. (इ) इलाचंद्र जोशी
364. (द) विष्णु प्रभाकर
365. (अ) मन्नू भंडारी
366. (स) उपेंद्रनाथ 'अश्क'
367. (ब) कमलेश्वर
368. (अ) 1955 ई.
369. (द) मार्कंडेय
370. (स) धर्मवीर भारती
371. (द) उपेंद्रनाथ 'अश्क'
372. (द) अकहानी
373. (द) यशपाल
374. (अ) निर्मल वर्मा
375. (द) अज्ञेय
376. (अ) ए खाने आकाश नाई
377. (ब) अमृतसर आ गया है
378. (स) ऐसी होली खेलो लाल
379. (ब) भगवान दीन
380. (अ) एक पति के नोट्स
381. (अ) गिरिराज किशोर
382. (ब) प्रेमचंद
383. (अ) धनंजय

384. (ब) राजा भोज का सपना
385. (स) चतुरसेन शास्त्री
386. (अ) बंग महिला
387. (ब) कमलेश्वर
388. (अ) अमरकांत
389. (अ) अज्ञेय
390. (अ) निर्मल वर्मा
391. (द) सुदर्शन
392. (द) आख्यायिका
393. (ब) अमृतराय
394. (द) भीष्म साहनी
395. (द) कथ्य
396. (द) अज्ञेय
397. (ब) समकालीन कहानी
398. (ब) प्रेमचंद
399. (द) अंबपालिका
400. (अ) परीक्षा गुरु
401. (ब) भाग्यवती
402. (ब) तिलिस्मी
403. (स) श्रद्धाराम फिल्लौरी
404. (ब) ठाकुर जगमोहन सिंह
405. (द) लालाश्री निवासदास
406. (अ) बालकृष्ण भट्ट
407. (ब) राधाकृष्णदास
408. (ब) जासूसी
409. (स) सामाजिक
410. (अ) किशोरीलाल गोस्वामी
411. (द) अयोध्यासिंह उपाध्याय 'हरिऔध'
412. (द) हजारी प्रसाद द्विवेदी
413. (स) देवकीनंदन खत्री
414. (अ) चंद हसीनों के खुतूत
415. (स) चंद्रकांता संतति
416. (अ) तमस
417. (ब) गोदान
418. (अ) उपेंद्रनाथ 'अश्क'
419. (अ) यह पथ बंधु था
420. (स) बालकृष्ण भट्ट
421. (ब) परख
422. (स) गोपालराम गहमरी
423. (स) चौबीस
424. (ब) प्रेमा
425. (स) आंचलिक
426. (अ) चित्रलेखा
427. (द) चाकलेट
428. (द) निर्मला
429. (द) अमृतराय
430. (स) सियारामशरण गुप्त
431. (स) गढ़कुंडार
432. (स) स्वतंत्रता की खोज
433. (ब) इलाचंद्र जोशी
434. (ब) मार्क्सवादी
435. (स) देवकीनंदन खत्री
436. (ब) पाप-पुण्य
437. (स) आंचलिक
438. (अ) भावुकता तथा रूमानियत
439. (ब) शिवप्रसाद सिंह
440. (ब) राही मासूम राजा
441. (द) कश्मीर पतन
442. (अ) अलका
443. (स) चतुरसेन शास्त्री
444. (ब) नागार्जुन
445. (स) वर्तमान जीवन का चित्रकूट
446. (अ) वृंदावनलाल वर्मा
447. (ब) हजारी प्रसाद द्विवेदी
448. (अ) यशपाल
449. (द) अमृतलाल नागर
450. (ब) रिपोर्ताज

451. (अ) दरभंगा–पूर्णिया
452. (स) दिव्या
453. (द) मानस का हंस
454. (ब) उपेंद्रनाथ 'अश्क'
455. (स) मुरदों का टीला
456. (अ) उपेंद्रनाथ 'अश्क'
457. (ब) प्रयोगशील
458. (अ) शेखर : एक जीवनी
459. (स) सोया हुआ जल
460. (स) निर्मल वर्मा
461. (स) बूँद और समुद्र
462. (ब) एक इंच मुसकान
463. (द) शिवप्रसाद सिंह
464. (द) गुनाहों का देवता
465. (अ) बाबा बटेसर नाथ
466. (ब) कब तक पुकारूँ
467. (ब) मन्नू भंडारी
468. (स) परीक्षा गुरु
469. (स) मिथिला
470. (द) भूले–बिसरे चित्र
471. (ब) भगवतीचरण वर्मा
472. (अ) सागर, लहरें और मनुष्य
473. (अ) मुक्तिबोध
474. (ब) विष्णु प्रभाकर
475. (ब) सुरेंद्र वर्मा
476. (स) रामदरश मिश्र
477. (अ) कृष्णा सोबती
478. (अ) कुरु–कुरु स्वाहा
479. (ब) गिरिराज किशोर
480. (अ) शिवप्रसाद सिंह
481. (अ) रुकोगी नहीं राधिका
482. (द) अपराजिता
483. (द) असंतोष के दिन
484. (स) मंगलसूत्र
485. (द) उषा प्रियंवदा
486. (अ) ठेठ देशीयता
487. (स) इरावती
488. (द) इलाचंद्र जोशी
489. (अ) मन्नू भंडारी
490. (ब) अजय की डायरी
491. (स) सूरज का सातवाँ घोड़ा
492. (स) कृष्णा सोबती
493. (द) तीसरा आदमी
494. (ब) चंद हसीनों के खुतूत
495. (अ) गोदान
496. (अ) चतुरसेन शास्त्री
497. (द) सूखी डाली
498. (द) मेरी भव बाधा हरो
499. (ब) मनु शर्मा
500. (ब) भारतेंदु हरिश्चंद्र
501. (स) जयशंकर प्रसाद
502. (द) ध्रुवस्वामिनी
503. (द) आनंद रघुनंदन
504. (अ) महाराज विश्वनाथ सिंह
505. (अ) रामलीला
506. (ब) रणधीर प्रेममोहिनी
507. (अ) भारत दुर्दशा
508. (द) लक्ष्मीनारायण मिश्र
509. (स) छठा बेटा
510. (द) लछिराम
511. (ब) जानकी मंगल
512. (अ) कर्पूर भंडारी
513. (स) भारत सौभाग्य
514. (अ) दुर्लभ बंधु
515. (ब) बालकृष्ण भट्ट
516. (अ) पैरों तले की जमीन
517. (अ) जयशंकर प्रसाद
518. (ब) माखनलाल चतुर्वेदी

519. (स) उपेंद्रनाथ 'अश्क'
520. (स) प्रहसन
521. (ब) आषाढ़ का एक दिन
522. (द) नेमिचंद्र जैन
523. (ब) अंजो दीदी
524. (द) ध्रुवस्वामिनी
525. (स) जगदीशचंद्र माथुर
526. (ब) मादा कैक्टस
527. (अ) भीष्म साहनी
528. (स) सर्वेश्वर दयाल सक्सेना
529. (द) धूप का एक टुकड़ा
530. (ब) रामकुमार वर्मा
531. (स) बादल की मृत्यु
532. (ब) मोहन राकेश
533. (अ) हंस
534. (ब) चंद्रगुप्त विद्यालंकार
535. (द) स्ट्राइक
536. (अ) एक घूँट
537. (ब) ओ मेरे सपने
538. (अ) लक्ष्मीनारायण लाल
539. (अ) रामकुमार वर्मा
540. (अ) विष्णु प्रभाकर
541. (अ) तुगलक
542. (स) विजय तेंदुलकर
543. (द) मोहन राकेश
544. (द) एक कंठ विषपायी
545. (द) हल्ला बोल
546. (ब) सुरेंद्र वर्मा
547. (ब) धर्मवीर भारती
548. (स) सेठ गोविंद दास
549. (स) अलग-अलग रास्ते
550. (ब) एक अद्‌भुत अपूर्व स्वप्न
551. (स) राष्ट्रीय-सांस्कृतिक जागरण
552. (ब) रामचंद्र शुक्ल
553. (स) प्रतापनारायण मिश्र
554. (ब) रामचंद्र शुक्ल
555. (अ) मोनतेङ्
556. (ब) शिवशंभू के चिट्ठे
557. (स) म्युनिसिपैलिटी के कारनामे
558. (ब) तीन
559. (द) हजारी प्रसाद द्विवेदी
560. (द) आम फिर बौरा गए
561. (स) शिवप्रसाद 'सितारे हिंद'
562. (अ) कछुआ धर्म
563. (ब) भारतेंदु युग
564. (अ) मनोविकार संबंधी
565. (अ) हजारी प्रसाद द्विवेदी
566. (द) विद्यानिवास मिश्र
567. (द) अज्ञेय
568. (स) साहित्य सरोज
569. (द) रामचंद्र शुक्ल
570. (द) विचार-प्रवाह
571. (स) कुबेरनाथ राय
572. (अ) आस्था के चरण
573. (अ) रामवृक्ष बेनीपुरी
574. (स) मजदूरी और प्रेम
575. (द) नामवर सिंह
576. (स) तीन
577. (अ) संयोगिता स्वयंवर
578. (अ) समालोचक
579. (द) रामचंद्र शुक्ल
580. (स) हजारी प्रसाद द्विवेदी
581. (ब) काव्य में रहस्यवाद
582. (स) बिहारी की वाग्विभूति
583. (अ) रामचंद्र शुक्ल
584. (स) तुलनात्मक
585. (स) बच्चन सिंह
586. (अ) नई कविता के प्रतिमान

587. (स) नागरी प्रचारिणी पत्रिका
588. (अ) लक्ष्मीनारायण 'सुधांशु'
589. (ब) रामविलास शर्मा
590. (स) छायावाद : पुनर्मूल्यांकन
591. (अ) भाषा और समाज
592. (ब) हिंदी नवरत्न
593. (अ) श्यामसुंदर दास
594. (अ) फिलहाल
595. (अ) लिखि कागद कोरे
596. (ब) बालकृष्ण भट्ट
597. (स) रामचंद्र शुक्ल
598. (स) तुलनात्मक
599. (द) विजयदेव नारायण साही
600. (ब) मेरे प्राथमिक जीवन की स्मृतियाँ
601. (स) रामवृक्ष बेनीपुरी
602. (द) बालमुकुंद गुप्त
603. (अ) रामनरेश त्रिपाठी
604. (स) महादेवी वर्मा
605. (अ) जंजीर और दीवारें
606. (द) हमारे आराध्य
607. (द) अमृतलाल नागर
608. (स) मंटो मेरा दुश्मन
609. (ब) श्रीपत राय
610. (स) बनारसीदास चतुर्वेदी
611. (अ) कुछ स्मृतियाँ और स्फुट विचार
612. (द) अंबपाली
613. (स) हमारे आराध्य
614. (ब) नए-पुराने झरोखे
615. (ब) चेहरे जाने-पहचाने
616. (द) बाबूराव विष्णु पराड़कर
617. (अ) रायकृष्ण दास
618. (अ) क्षणदा
619. (ब) माखनलाल चतुर्वेदी
620. (ब) क्रांति युग के संस्मरण
621. (स) भारतेंदु काल
622. (अ) बूँदी का राजवंश
623. (स) बापू की झाँकियाँ
624. (ब) विष्णु प्रभाकर
625. (अ) कालिदास
626. (स) प्रेमचंद घर में
627. (अ) शरच्चंद्र चट्टोपाध्याय
628. (अ) निराला की साहित्य साधना
629. (द) अमृतराय
630. (अ) गौरीशंकर ओझा
631. (स) विश्वकवि रवींद्रनाथ
632. (ब) कार्तिक प्रसाद खत्री
633. (ब) निराला
634. (स) शांति जोशी
635. (अ) अर्धकथानक
636. (स) मेरा जीवन-प्रवाह
637. (द) डॉ. राजेंद्र प्रसाद
638. (अ) आत्मनिरीक्षण
639. (ब) हरिवंशराय बच्चन
640. (अ) अपनी खबर
641. (स) बनारसीदास जैन
642. (द) महादेवी वर्मा
643. (अ) तरुण के स्वप्न
644. (ब) पुरुषोत्तम दास टंडन
645. (स) साठ वर्ष : एक रेखांकन
646. (द) रामविलास शर्मा
647. (द) यशपाल
648. (स) हरिवंशराय बच्चन
649. (ब) मेरी जीवन यात्रा
650. (स) ब्रजयात्रा
651. (अ) प्रतापनारायण मिश्र
652. (स) कविवचनसुधा

653. (द) गोपाल राम गहमरी
654. (स) काठगोदाम से तिब्बत
655. (स) घुमक्कड़शास्त्र
656. (अ) अज्ञेय
657. (द) अज्ञेय
658. (अ) रामवृक्ष बेनीपुरी
659. (स) पैरों में पंख बाँधकर
660. (द) यशपाल जैन
661. (स) चीड़ों पर चाँदनी
662. (अ) हँसते निर्झर दहकती भट्ठी
663. (स) राहुल सांकृत्यायन
664. (द) श्रीकांत वर्मा
665. (ब) अज्ञेय
666. (अ) ठेले पर हिमालय
667. (द) अजित कुमार
668. (स) रामवृक्ष बेनीपुरी
669. (द) आखिरी चट्टान तक
670. (ब) फ्रांसीसी
671. (अ) शिवदान सिंह चौहान
672. (द) लक्ष्मीपुरा
673. (स) रांगेय राघव
674. (अ) उपेंद्रनाथ 'अश्क'
675. (स) रूपाभ
676. (द) तूफानों के बीच
677. (अ) नगेंद्र
678. (द) शमशेर बहादुर सिंह
679. (अ) युद्ध-यात्रा
680. (स) विशाल भारत
681. (स) द्वितीय विश्वयुद्ध
682. (अ) श्रीकांत वर्मा
683. (ब) इलिया एहनेरबुर्ग
684. (स) फणीश्वरनाथ 'रेणु'
685. (ब) बनारसीदास चतुर्वेदी
686. (अ) कवि दर्शन
687. (अ) बनारसीदास चतुर्वेदी
688. (द) नई धारा
689. (द) शंकरदयाल सिंह
690. (स) जवाहरलाल नेहरू
691. (स) आलमगीर के पत्र
692. (अ) प्रेमचंद
693. (अ) सतीशचंद्र
694. (स) स्वामी दयानंद सरस्वती
695. (अ) जानकीवल्लभ शास्त्री
696. (द) प्रेमचंद
697. (ब) पांडेय बेचन शर्मा 'उग्र'
698. (अ) हरिवंशराय बच्चन
699. (अ) बापू के पत्र
700. (ब) वियोगी हरि
701. (अ) पत्रावली
702. (अ) नाट्यशास्त्र
703. (द) जगन्नाथ
704. (ब) विश्वनाथ
705. (द) भरत मुनि
706. (स) तुलसीदास
707. (द) भामह
708. (अ) आनंदवर्धन
709. (अ) ध्वनि
710. (द) भरत
711. (अ) तीन
712. (स) भट्टनायक
713. (अ) सहृदय
714. (अ) स्थायी भाव
715. (द) चार
716. (स) भट्टतौत
717. (द) शंकुक
718. (द) अरस्तु
719. (स) तुलसीदास
720. (स) संचारी भाव

721. (अ) लाटी
722. (स) भिखारीदास
723. (द) रस संप्रदाय
724. (अ) क्षेमेंद्र
725. (स) भानुदत्त मिश्र
726. (द) औचित्य
727. (द) साहित्य-दर्पण
728. (अ) रस सिद्धांत
729. (स) गंगादास
730. (स) अधम काव्य
731. (स) औचित्य
732. (स) तीन
733. (द) जगन्नाथ
734. (स) भट्टनायक
735. (स) आठ
736. (अ) राजशेखर
737. (द) भामह
738. (द) प्लेटो
739. (ब) लोंजाइनस
740. (स) कुंतक
741. (अ) राजशेखर
742. (द) अभिव्यंजनावाद
743. (द) व्यंग्य
744. (अ) रामचंद्र शुक्ल
745. (स) नायक
746. (ब) वक्रोक्ति सिद्धांत
747. (अ) दो
748. (अ) सार्त्र
749. (द) आई.ए. रिचर्ड्स
750. (ब) उदंत मार्तंड
751. (ब) संवाद कौमुदी
752. (स) साप्ताहिक
753. (द) भारतेंदु हरिश्चंद्र
754. (अ) राजा शिवप्रसाद 'सितारे हिंद'
755. (स) कर्मवीर
756. (अ) यंग इंडिया
757. (ब) कलकत्ता
758. (द) पं. जुगुल किशोर सुकुल
759. (द) ब्राह्मण
760. (द) बालकृष्ण भट्ट
761. (स) मतवाला
762. (द) काशी
763. (ब) सुमित्रानंदन पंत
764. (अ) सरस्वती
765. (अ) प्रताप
766. (अ) समन्वय
767. (द) मदनमोहन मालवीय
768. (ब) मतवाला
769. (अ) अंबिका प्रसाद गुप्त
770. (ब) समालोचक
771. (द) नेशनल हैरल्ड
772. (द) महिला पत्रिका
773. (ब) रूपाभ
774. (अ) मतवाला
775. (द) नागरी प्रचारिणी पत्रिका
776. (द) मुक्त
777. (द) हिंदू पंच
778. (अ) 30 मई, 1826
779. (द) क, ख, ग
780. (अ) हिंदी नवजीवन
781. (द) 1827 ई.
782. (अ) काशी
783. (स) हिंदी बंगवासी
784. (द) लोकमान्य तिलक
785. (स) मतवाला
786. (द) समकालीन साहित्य
787. (स) प्रेमचंद

788. (अ) धर्मयुग
789. (स) राजनीतिक पत्रिका
790. (द) इंडियन ओपीनियन
791. (द) प्रतीक
792. (अ) हंस
793. (द) भारतमित्र
794. (स) दस
795. (द) इंद्रप्रस्थ भारती
796. (अ) सारिका
797. (स) कमलेश्वर
798. (स) पूर्वग्रह
799. (अ) धर्मवीर भारती
800. (ब) साहित्यकार संसद्
801. (स) जवाहरलाल नेहरू
802. (ब) महात्मा गांधी
803. (अ) 1893 ई.
804. (अ) प्रयाग
805. (अ) 1875 ई.
806. (द) 1953 ई.
807. (द) नए लेखकों की
808. (स) दक्षिण भारत हिंदी प्रचार सभा
809. (अ) 1936 ई.
810. (द) 1910 ई.
811. (स) चेन्नई
812. (अ) पुरुषोत्तम दास टंडन
813. (द) मदनमोहन मालवीय
814. (ब) 1918 ई.
815. (स) प्रेमचंद
816. (ब) चिंतामणि घोष
817. (अ) भारतेंदु हरिश्चंद्र
818. (अ) लखनऊ
819. (द) 1959 ई.
820. (स) यामा
821. (अ) ज्ञानपीठ पुरस्कार
822. (द) 1972 ई.
823. (द) सुमित्रानंदन पंत
824. (अ) सपना अभी भी
825. (ब) अज्ञेय
826. (द) हरिवंशराय बच्चन
827. (ब) कितनी नावों में कितनी बार
828. (अ) नागार्जुन
829. (द) संपूर्ण साहित्य
830. (अ) भगवतीचरण वर्मा
831. (द) तमस
832. (द) श्रीनारायण चतुर्वेदी
833. (स) साहित्य अकादमी
834. (द) विष्णुकांत शास्त्री
835. (स) राग दरबारी
836. (ब) साहित्य अकादमी सम्मान
837. (द) कितनी नावों में कितनी बार
838. (ब) गिरिजा कुमार माथुर
839. (ब) संस्कृति के चार अध्याय
840. (स) हिमतरंगिनी
841. (अ) 1997 ई.
842. (स) महादेवी वर्मा
843. (स) मलयालम
844. (ब) कोई दूसरा नहीं
845. (ब) मराठी
846. (अ) अर्द्धनारीश्वर
847. (अ) हिंदी
848. (द) लीलाधर जगूड़ी
849. (अ) विश्रामपुर का संत
850. भारतेंदु हरिश्चंद्र
851. बालकृष्ण भट्ट
852. बालमुकुंद गुप्त
853. प्रतापनारायण मिश्र
854. महावीर प्रसाद द्विवेदी

855. जयशंकर प्रसाद
856. प्रेमचंद
857. गणेशशंकर विद्यार्थी
858. वृंदावनलाल वर्मा
859. मदनमोहन मालवीय
860. माखनलाल चतुर्वेदी
861. मैथिलीशरण गुप्त
862. सूर्यकांत त्रिपाठी 'निराला'
863. बालकृष्ण शर्मा 'नवीन'
864. रामधारी सिंह 'दिनकर'
865. हजारीप्रसाद द्विवेदी
866. बनारसीदास चतुर्वेदी
867. सुभद्राकुमारी चौहान
868. महादेवी वर्मा
869. सुमित्रानंदन पंत
870. राहुल सांकृत्यायन
871. पुरुषोत्तमदास टंडन
872. अज्ञेय
873. विष्णु प्रभाकर
874. विद्यानिवास मिश्र
875. (द) प्रेमचंद
876. (अ) प्रतापनारायण मिश्र
877. (स) भारतेंदु हरिश्चंद्र
878. (स) लघुकथा
879. (ब) महादेवी वर्मा
880. (ब) श्रीधर पाठक
881. (अ) प्रेमचंद
882. (द) कबीर
883. (द) मागधी
884. (ब) देवसेन
885. (स) वस्तु केंद्रित
886. (स) उपन्यास
887. (स) तुलसीदास
888. (द) उपन्यास
889. (अ) नागपुर
890. (द) रामविलास शर्मा
891. (ब) श्री हरिहर प्रसाद द्विवेदी
892. (स) दामोदर शर्मा
893. (अ) मुक्तिबोध
894. (ब) मधुचर्या
895. (स) यात्रावृत्त
896. (अ) तुलसी
897. (अ) भोपाल
898. (द) अमृतराय
899. (अ) सियारामशरण गुप्त
900. (अ) रामधारी सिंह 'दिनकर'
901. (स) कृष्णदेव प्रसाद गौड़
902. (ब) रामधारी सिंह 'दिनकर'
903. (स) काका कालेलकर
904. (अ) नवाबराय
905. (द) जैनेंद्र
906. (अ) सूरदास
907. (ब) श्रीधर पाठक
908. (स) बालमुकुंद गुप्त
909. (अ) मंजुल भगत
910. (अ) सुमित्रानंदन पंत
911. (अ) अमीर खुसरो
912. (द) अमृतलाल नागर
913. (स) नागार्जुन
914. (स) मैथिलीशरण गुप्त
915. (स) शौरसेनी
916. (अ) वैयक्तिकता
917. (द) जागरण
918. (ब) द्वितीय
919. (स) चित्रलेखा
920. (स) नाटक
921. (ब) महावीर प्रसाद द्विवेदी
922. (ब) साकेत
923. (अ) सोजे वतन
924. (स) तृतीय
925. (द) पृथ्वी-परिक्रमा
926. (स) मुकुटधर पांडेय
927. (अ) काका कालेलकर
928. (अ) 7 जुलाई, 1883

929. (द) भवानीप्रसाद मिश्र
930. (द) चाकलेट
931. (द) श्यामनारायण पांडेय
932. (ब) साकेत
933. (द) सुमित्रानंदन पंत
934. (अ) 1929 ई.
935. (अ) प्रेमचंद
936. (द) हरिशंकर परसाई
937. (स) प्रेमचंद
938. (ब) अभिज्ञानशाकुंतल
939. (द) चंद्रधर शर्मा 'गुलेरी'
940. (द) आलोचनात्मक
941. (अ) रामनरेश त्रिपाठी
942. (स) मृण्मयी
943. (अ) फर्रुखाबाद
944. (स) सात
945. (द) दत्तात्रेय बालकृष्ण कालेलकर
946. (स) जालंधर
947. (अ) स्वच्छंदतावाद
948. (द) भाषणों का संग्रह
949. (अ) आनंदीलाल
950. (स) प्रेमचंद
951. (ब) अष्टावक्र
952. (स) हजारी प्रसाद द्विवेदी
953. (अ) मैथिलीशरण गुप्त
954. (स) कविता
955. (ब) फणीश्वरनाथ 'रेणु'
956. (अ) श्रीनारायण चतुर्वेदी
957. (द) गणेशशंकर विद्यार्थी
958. (स) बनारसीदास चतुर्वेदी
959. (अ) 1850 ई.
960. (द) मैथिलीशरण गुप्त
961. (अ) सच्चिदानंद हीरानंद वात्स्यायन
962. (द) रामधारी सिंह 'दिनकर'
963. (ब) माखनलाल चतुर्वेदी
964. (ब) महाभोज
965. (स) फणीश्वरनाथ 'रेणु'
966. (स) छायावाद
967. (अ) सुदामा पांडेय
968. (स) शमशेर बहादुर सिंह
969. (स) हरिवंशराय बच्चन
970. (द) ज्ञानरंजन
971. (अ) रघुवीर सहाय
972. (स) मंगलसूत्र
973. (स) मुक्तिबोध
974. (स) हरिशंकर परसाई
975. (ब) भारतेंदु हरिश्चंद्र
976. (स) सुभद्राकुमारी चौहान
977. (स) फणीश्वरनाथ 'रेणु'
978. (द) सेठ गोविंद दास
979. (ब) विद्यानिवास मिश्र
980. (द) मनोहर श्याम जोशी
981. (स) छह
982. (द) धूमिल
983. (स) माखनलाल चतुर्वेदी
984. (अ) मोहन राकेश
985. (द) चूलिका
986. (स) रामविलास शर्मा
987. (द) फणीश्वरनाथ 'रेणु'
988. (स) वृंदावनलाल वर्मा
989. (स) गढ़ाकोला
990. (स) अज्ञेय
991. (अ) आदिकाल
992. (अ) आदिकाल
993. (द) पीतांबरदत्त बड़थ्वाल
994. (ब) राहुल सांकृत्यायन
995. (अ) हिंदी साहित्य सम्मेलन, प्रयाग
996. (अ) सरदार पूर्ण सिंह
997. (ब) वृंदावनलाल वर्मा
998. (स) केदारनाथ पांडेय
999. (अ) अंधायुग
1000. (ब) रामवृक्ष बेनीपुरी

□□□